AF546730

Der Wille zum Schönen I

Michael Musalek, Dr. med., Univ. Prof., geb. 1955, Facharzt für Psychiatrie und Neurologie, Psychotherapeut, Prof. für Psychiatrie an der Universität Wien, Ärztlicher Direktor des Anton-Proksch-Instituts, Gründungsdirektor des Instituts für Sozialästhetik und psychische Gesundheit an der Sigmund Freud Privatuniversität Wien, Präsident der European Society of Aesthetics and Medicine, Chairman der Section Psychopathology der European Psychiatric Association (EPA), Gründungsmitglied der Section Philosophy and Psychiatry der World Psychiatric Association, Präsident der Stiftung Erwin Ringel Institut, Präsident der Österreichischen Gesellschaft für Arbeitsqualität und Burn-out (BURN-AUT). Mehr als 250 wissenschaftliche Publikationen, Herausgeber der Zeitschriften „Spectrum Psychiatrie" und „Rausch. Wiener Zeitschrift für Suchttherapie". Bei Parodos bereits erschienen: M. Musalek, M. Poltrum (Hg.): Ars Medica. Zu einer neuen Ästhetik in der Medizin; M. Musalek, M. Poltrum (Hg.): Glut und Asche – Burnout. Neue Aspekte der Diagnostik und Behandlung.

Michael Musalek

Der Wille zum Schönen I

Als alles bestimmende Naturkraft

PARODOS

Bibliografische Information der Deutschen Nationalbibliothek
Die Deutsche Nationalbibliothek verzeichnet diese Publikation in der Deutschen Nationalbibliografie; detaillierte bibliografische Daten sind im Internet über http://d-nb.ddb.de abrufbar.

© Parodos Verlag, Berlin 2017
Alle Rechte vorbehalten

Druck: Print Group Sp. z o.o., Stettin
Printed in Poland

ISBN: 978-3-938880-71-5

www.parodos.de

„Wem sonst als Dir"*

*Hölderlin, Hyperion-Widmung, II. Band
(Widmung für Susette Gontard)

Inhalt

Einleitung – Weltzugänge, Perspektiven und Methoden

„Wär nicht das Auge sonnenhaft,
Wie könnten wir das Licht erblicken?
Lebt nicht in uns des Gottes eigne Kraft,
Wie könnt uns Göttliches entzücken“
J. W. v. Goethe: Farbenlehre

Schön, Schönes, Schönheit – das sind allesamt unverzichtbare Wörter unserer Alltagssprache. Wir alle wissen, oder vermeinen zumindest zu wissen, was schön ist und was nicht schön ist. So einfach es für uns ist, unmittelbar etwas als schön zu bezeichnen, so schwierig wird es, wenn wir versuchen „schön“, „Schönes“ und „Schönheit“ als Begriffe definitorisch dingfest zu machen. Es geht uns hier ganz genau so wie Augustinus, der an den Beginn seiner Abhandlung über die Zeit die tiefgründigen Bemerkungen setzte: „Was also ist die Zeit? Wenn niemand mich danach fragt, weiß ich's, will ich's aber einem Fragenden erklären, weiß ich's nicht.“ (Augustinus 1980). Unseren Blick auf das Schöne zu lenken, auf das Schöne zu fokussieren und mehr noch das Schöne überhaupt zu unserem Erlebenszentrum zu machen, stellt trotz alledem einen der wichtigsten, wenn nicht überhaupt den wichtigsten Lebenszugang dar.

Als Menschen sind uns verschiedene Zugänge zur Welt offen. Wir sind dazu befähigt, unsere Welt, in der wir leben, aus verschiedenen Perspektiven zu betrachten und zu beobachten. Diese Betrachtungs- und Beobachtungsdimensionen bestimmen dann auch unser Denken und Nach-Denken über die Welt. Die unter verschiedenen Blickwinkeln entwickelten Denk- und Nachdenk-Formen unterscheiden sich ganz wesentlich in ihren Mustern, Figuren und Abläufen. So können wir uns der uns gegebenen Welt z.B. aus ökonomischer Perspektive mittels ökonomischer Denkfiguren nähern. Wir können dasselbe aber auch aus ästhetischer Sicht mittels eines ästhetischen Denkens bestimmen. Je nach Zugang wird uns die Welt einmal als eine auf ökonomische Maximen ausgerichtete erscheinen, das andere Mal als eine durch ästhetische Maximen bestimmte. Denn: Das Betrachten, Beobachten und Nach-denken, also das „Wahr-nehmen“ der Welt, ist nie nur reiner Abbildungsprozess, der ohne jedwede Wirkung auf das Wahrgenommene bliebe. Wahrnehmung ist immer zugleich auch Schaffensprozess (Musalek et al. 2010).

Auf diese Weise formen unterschiedliche Weltzugänge und die dabei entwickelten Denkstrategien und Denkfiguren unterschiedliche Lebenswelten. So wie wir unsere Welt wahrnehmen, so wird sie auch. Es liegt also auch an uns, an unseren jeweiligen Weltzugängen, in welcher Welt wir leben. Ob wir z.B. in einer Welt leben müssen, die vorzugsweise nur auf „Wirtschaftlichkeit" und „Wissenschaftlichkeit" ausgerichtet ist, oder ob wir in einer Welt leben dürfen, in der dem Schönen und dem Sublimen höchste Ehre zuteil wird, das haben wir selbst in der Hand – das schaffen wir selbst mit den jeweils von uns gewählten Weltzugängen und auch damit, wie wir unsere Lebensschwerpunkte setzen.

Unsere heutige Welt ist geprägt von Ernüchterung und Entzauberung. So gesehen könnte die Frage, welchen Platz das Schöne in unserem Leben haben könnte, sollte und im Sinne eines naturgegebenen Willens vielleicht sogar haben muss, auf den ersten Blick als nicht zeitgemäß erscheinen in einer Zeit, die so wenig vom Schönen und so viel mehr von Leid und Nichtschönem bestimmt wird; in einer Zeit, die mehr von Wirtschaftlichkeitsnachweis und Wissenschaftsgläubigkeit gezeichnet ist als von Schönheitsmaximen; in einer Zeit, in der nicht das erlebbare und oft so schwer beschreibbare Schöne, sondern vielmehr statistische Berechnungen von Datensätzen und die sich daraus ableitbaren Wahrscheinlichkeitsverhältnisse als Objektivitätsbeweise für das Wahre in unserer Welt stehen. Warum soll also ausgerechnet in unseren Tagen, in denen schon lange nicht mehr nach Wohlsein und Wohlergehen des Einzelnen gefragt wird, sondern nur mehr der rasche, am besten auch monetär messbare Erfolg zählt, ein Text vorgelegt werden, der zwangsläufig auch auf die Gegensätze von Ernüchterung und Entzauberung, nämlich auf Berauschung und Verzauberung fokussiert? Als eine erste Antwort drängt sich hier auf, dass es gerade in einer Zeit, in der das Schöne von so vielen bestenfalls nur noch als Randerscheinung eines (wirtschaftlich) erfolgreichen Lebens angesehen wird, in ganz besonderem Maße notwendig ist, sich der Wirkungen und der Kraft des Schönen zu besinnen, um damit das Schöne und das Erleben des Schönen auch so weit kultivieren zu können, dass uns auf diese Weise wieder neue Möglichkeiten für ein schönes und damit auch erfülltes Leben eröffnet werden.

Es war nicht immer so, dass das Schöne nur mehr gleichsam als Zierleiste des Lebens fungierte, die man nur dann an das Ende des Tages setzen darf, wenn man auch den jeweiligen Erfordernissen gut und brav entsprach und darüber hinaus hoffentlich auch noch erfolgreich war. Im antiken Griechenland galt Müßiggang und damit auch das Genießen von allem Schönen, ganz unabhängig von geleisteter Arbeit, als das oberste anzustrebende Lebensziel. Auch noch zu Beginn des neunzehnten Jahrhunderts stand in Mitteleuropa ein mit Kunst gefülltes und erfülltes Leben im Hauptfokus, zumindest für diejenigen Menschen, die sich ein solches schönes Leben auch pekuniär leisten konnten. Mit zunehmender Industrialisierung, Entindividualisierung und Ökonomisierung unserer westlichen Welt ist dann eine erste Abkehr vom schönen Leben festzumachen. Die Gräuel des zwanzigsten Jahrhunderts – und hier vor allem natürlich auch die durch die beiden Weltkriege und die hier wütenden faschistischen Regime verursachten mit ihren unfassbaren Tötungsmaschinerien bis hin zum Holocaust – trugen darüber hinaus wesentlich dazu bei, dass das Schöne als Zentrum menschlichen Lebens und Erlebens immer mehr an Terrain verlor. Andere Werte wie z.B. „Gut-zu-funktionieren", „Sich-etwas-leisten-können" und „Erfolgreicher-als-andere-sein" traten an seine Stelle. Das Schöne und damit auch Fragen der Ästhetik rückten damit immer mehr aus dem Blickfeld und wurden in den Hinter- bzw. Untergrund menschlichen Daseins verbannt.

Dass diese Entwicklung zur Abkehr vom Schönen, wie von manchen behauptet, nicht erst in der Nachkriegszeit des zweiten Weltkrieges, also erst in der zweiten Hälfte des zwanzigsten Jahrhunderts einsetzte, sondern bereits viel früher, nämlich schon in der Mitte des neunzehnten Jahrhunderts, ist nicht zuletzt damit zu belegen, dass Friedrich Nietzsche (1872/1988) in seinen ästhetischen Abhandlungen der 1872 veröffentlichten *Geburt der Tragödie aus dem Geiste der Musik* schon die Vermutung äußerte, dass es „vielleicht ... überhaupt anstössig sein (werde), ein ästhetisches Problem so ernst genommen zu sehn." Ein halbes Jahrhundert später konstatierte dann Bertolt Brecht in seinem in der Nachschau auf den ersten Weltkrieg geschriebenen Gedicht *An die Nachgeborenen*: „Was sind das für Zeiten, wo / Ein Gespräch über Bäume fast ein Verbrechen ist / Weil es ein Schweigen über so viele Untaten einschließt!" (Brecht 1979). Und unmittelbar nach dem zweiten Weltkrieg ging Theodor W. Adorno (1951) in seinem Aufsatz *Kulturkri-*

tik und Gesellschaft sogar so weit zu behaupten: „... nach Auschwitz ein Gedicht zu schreiben, ist barbarisch, ..." Ein Satz, der leider von ungeheurer Wirkkraft war und es immer noch ist. In den 90er Jahren des vorigen Jahrhunderts konstatierte Klaus Laermann, dass dieser Satz „seit vierzig Jahren lähmend auf dem Bewusstsein jener Intellektuellen in Westdeutschland (liege), die angesichts des industrialisierten Völkermords an den europäischen Juden nicht von der Gnade einer späten Geburt zu faseln bereit sind. Er war und ist eine der Formeln ihrer ebenso entsetzten wie ohnmächtigen Betroffenheit angesichts des unfassbaren Leidens. Sie verstanden diesen Satz als ein Darstellungsverbot." (Laermann K 1992)

Dieses „Verbot" setzte sich so in den Hinterköpfen vieler Kunstschaffender fest, dass sie es bis heute vermeiden, schöne Kunstwerke zu schaffen, weil sie mit diesen einen Makel des Nichtauthentischen und somit des Unehrlichen und Unehrenhaften verbinden. Daran konnte nicht einmal das nicht nur seines Inhalts, sondern vor allem auch seiner unglaublichen dichterischen Schönheit wegen herausragende Gedicht *Todesfuge* von Paul Celan (1948/2002) etwas ändern. Paul Celan setzte sich mit diesem Gedicht ganz bewusst – und mit und nach ihm auch so manch anderer – über das Adorno'sche Tabu hinweg. Und dennoch – auch damit konnte das Fortschreiten einer Abkehr vom Schönen nicht gebremst und schon gar nicht zum Stillstand gebracht werden. In der Zwischenzeit ist das tiefgreifend und tiefsinnig Schöne schon so weit geschrumpft, dass es nunmehr bestenfalls das Dasein einer Nebenstimme im Konzert menschlicher Aktivitäten fristet – und das keineswegs nur im deutschsprachigen Raum. Auch in der anglo-amerikanischen Philosophiewelt wird die Ästhetik und damit das Schöne gerne als „der ärmere, weniger anspruchsvolle und weniger differenzierte Cousin der Ethik" angesehen, wobei in diesem Zusammenhang massive Zweifel erhoben werden, ob es sich bei der Ästhetik überhaupt um einen „Bona-fide-Gegenstand" handele (Hampshire 1954).

Nur dort, wo es um oberflächliches Beschönen, Verzieren bzw. Ornamentieren geht, finden sich in unserer heutigen Welt Rudimente des Schönen. Der Philosoph und Ästhetiker Wolfgang Welsch (2003) diagnostiziert, dass wir „heute inmitten einer früher unerhörten Ästhetisierung der realen Welt (leben) ... Die Individuen unterziehen sich einem umfassenden Styling von Körper, Seele und Verhalten. In Schönheitsstudios und Fitnesszentren betreiben sie die ästhetische Perfektionierung ihrer Körper, in Meditationskursen und New-Age-Seminaren die Ästhetisierung ihrer Seelen, und in Benimmkursen trainieren sie sich das ästhetisch erwünschte Verhalten an. Der Homo aestheticus ist zur neuen Leitfigur geworden." Die Bemühungen dieser „Leitfigur" erschöpfen sich aber vorzugsweise im Dekorativen, in Behübschungen, Ornamentierungen und kosmetischen Maßnahmen. Sie sind allesamt nur auf den oberflächlichen Schein und dessen Wahrung ausgerichtet und stehen damit als Machwerke der Oberflächenästhetik fernab aller Aktivitäten, die wir mit Wolfgang Welsch (2003) der Tiefenästhetik zurechnen wollen, nämlich jenen des tiefsinnigen Erlebens des Sinnlichen, der Ermöglichung von Transformation und Neukonfiguration des Schönen in unserer Welt bis hin zur Kosmopoesie, dem menschlichen Schaffen und Erleben einer Welt im Schönen, einer schönen Welt.

Eine Wiederbesinnung auf das Schöne als schöpferische Kraft, auf die in ihr wohnenden Potentialitäten, und ein Ausloten unserer Möglichkeiten, diese zu kultivieren, das ist auch ein wesentlicher Grund dafür, gerade hier und jetzt diese auf den ersten Blick so unzeitgemäße Schrift zum Willen des Schönen zu verfassen. Nach fast einem Jahrhundert der Enthaltsamkeit scheint es nun doch weit an der Zeit, sich wieder dem Schönen zuzuwenden, und zwar nicht so sehr dem vordergründig oberflächlichen Dekorativen, dem den Schein wahrenden Schönen, sondern vielmehr dem tiefenästhetisch Schönen, also jenem Schönen, das uns alle auf so unergründliche Weise anzieht und gleichzeitig auf so besondere Art zu bewegen imstande ist, um damit den Grundstein für die Schaffung einer wieder schönen und damit auch lebenswerten Welt zu legen.

In der Menschheitsgeschichte wurde eine ganze Fülle von Zugangsformen zur Welt entwickelt. Diesen entsprechend entstanden auch verschiedenste Denkformen und Denkfiguren zu dem uns Gegebenen. So können wir heute zwischen einem logischen Denken, einem metaphorischen, aphoristischen, metaphysischen, einem wissenschaftlichen, psychoanalytischen, phänomenologischen, einem ästhetischen, rechnerischen, ökonomischen und poetischen Denken unterscheiden, um nur einige der mannigfachen Denkformen herauszugreifen. Alle diese Ausformungen des Denkens sind durch die ihnen jeweils eigenen Denkstrategien, Denkmuster, Denkfiguren und Denkabläufe ausgezeichnet, wobei gewisse

Überschneidungen da und dort durchaus möglich sind. Nicht selten werden diese verschiedenen Denkarten dann auch als unterschiedliche *Methoden* des Weltzugangs ausgewiesen. In jedem Fall bestimmen sie ganz wesentlich die jeweilige *Weltsicht*. Und wenn ihnen in einem bestimmten Zeitalter dann noch eine besondere Vorrangstellung gegenüber anderen zugesprochen wird, bestimmen sie auch noch das, was wir den *Zeitgeist* nennen.

In unserer heutigen Zeit beherrscht ohne Zweifel der sogenannte „naturwissenschaftliche" Weltzugang, der in seinem Wesen vielmehr ein wahrscheinlichkeitsmathematischer ist, unsere Weltsicht. Diesem Weltzugang entspricht die Denkform, die Martin Heidegger als „rechnendes" bzw. „rechnerisches" Denken bezeichnete (Heidegger 1927/2006; Denker 2011). Heute versteht man unter rechnerischem Denken über die ursprüngliche Heidegger'sche Anschauung hinausreichend einen im Wesentlichen kognitiven Weltzugang, der im ersten Schritt auf Beobachtung (also letztlich auf Sinneswahrnehmung bzw. technisch erweiterter Sinneswahrnehmung) von naturgegebenen Ereignissen und Umständen beruht. In einem zweiten Schritt werden diese Beobachtungen dann im Rahmen von darauf angewandten „Messverfahren" in Zahlen transformiert. Die auf diese Weise gewonnenen Zahlen sind Ausgangspunkt für die den dritten Schritt des rechnerischen Denkens ausmachenden „Berechnungen", wobei diese „Berechnungen" sich heute im Wesentlichen auf statistische Analysen, also auf Wahrscheinlichkeitsrechnungen beschränken. In einem vierten Schritt werden dann diese derart erzielten „Signifikanzen", die in der Regel hier nicht mehr als Wahrscheinlichkeiten, sondern bereits als „wissenschaftlich gesicherte Fakten" ausgegeben werden, vom Untersucher ausgelegt und interpretiert, wobei gar nicht selten diese in der Regel weit über die ursprünglichen Zahlenergebnisse hinwegreichenden Spekulationen dann als „wissenschaftlich fundierte Wahrheiten" ins Fachschrifttum eingehen.

Diese als Wahrheiten ausgewiesenen Spekulationen dienen ihrerseits wiederum als Ausgangspunkt für neue „Beobachtungs- bzw. Experimentreihen", die ihrer Anlage nach nicht auf kritische Prüfung der „wissenschaftlichen Wahrheiten" ausgerichtet sind, sondern vielmehr auf Bestätigung des schon gewusst geglaubten und damit letztendlich auf Erhaltung eines somit immer stärker untermauerten Wahrheitssystems. Dass auf diese Weise die Chance auf profunden Wissenszuwachs hinsichtlich des uns von Natur aus Gegebenen als eher gering einzuschätzen ist, liegt auf der Hand. Für Weiterentwicklungen im technischen Bereich ist diese Vorgangsweise allerdings eine höchst erfolgreiche Strategie, was sich auch in den enormen Entwicklungen im Techniksektor (denken wir hier nur an heute verfügbare technische Möglichkeiten, die man vor einem halben Jahrhundert noch nicht für möglich hielt, wie z.B. die Internet-Kommunikation oder die funktionale Magnetresonanztomographie des Gehirns etc.) widerspiegelt.

Nur am Rande sei hier vermerkt, dass die ohne Zweifel phänomenalen Entwicklungen im technischen Bereich heute mit einer gewissen Nonchalance mit den Wissenszuwächsen in den „Naturwissenschaften" gleichgesetzt werden. Das ist überall dort auch legitim, wo es um technische Weiterentwicklungen geht, trifft aber keineswegs für unseren Wissenszuwachs auf dem Gebiet der Naturgegebenheiten zu. Manche Forscher behaupten zwar, dass wir heute viel mehr über den Menschen und wie er „funktioniert" wissen, weil wir mittels hochtechnisierter Einrichtungen und Geräte bestimmte regionale Hirnaktivitäten in vivo messen können. Dass es aber weiterhin völlig unklar ist – um nur einen auf den ersten Blick sehr einfach scheinenden Sachverhalt herauszugreifen –, ob diese gemessenen Hirnaktivitäten nun Grund bzw. zumindest Ausgangspunkt der damit in Verbindung stehenden menschlichen Handlungen sind oder doch nur diese ermöglichende Begleitphänomene, wird dabei meist verschwiegen. Was jedoch ein Mensch ist und vor allem wie er nach seinen Fähigkeiten und Möglichkeiten auch werden kann, was und wie er also als Wirklichkeits- und gleichzeitig auch als Möglichkeitswesen (Musil 1978) wirklich *ist*, das kann mit Hilfe physikalisch-technischer Methoden überhaupt nicht untersucht und daher letztendlich auch nicht erfahren werden.

Die Vorherrschaft, die das rechnerische Denken in heutiger Zeit gegenüber allen anderen Denkformen auszeichnet, den Aufstieg zu dem, was heute üblicherweise als *Zeitgeist* bezeichnet wird, verdankt es also weniger den so oft behaupteten naturwissenschaftlichen Wissenszuwächsen, sondern vielmehr den bereits erwähnten ungemeinen Erfolgen der Technik. Diese technischen Errungenschaften, die so wesentlich unser gesellschaftliches Leben mitbestimmen, zeichnen auch für den rasanten gesellschaftlichen Aufstieg der sogenannten „Naturwissenschaften" verantwortlich. Diese Hochschätzung der Naturwissenschaften (die manchmal durchaus die Grenze zur Überschätzung überschreitet) geht heute sogar so weit, dass im angloamerikanischem Sprachraum gar nicht mehr zwischen Naturwissenschaften und Humanwissenschaften unterschieden wird, sondern die Naturwissenschaften einfach ganz allgemein als „science" bezeichnet werden, während die Humanwissenschaften, ohne das Beiwort „science", nur mehr unter den Begriff „humanities" zusammengefasst werden.

Wie sehr ein solches rechnerisches Denken, dass dann gleich auch noch als „naturwissenschaftliches Denken" ausgegeben wird, sich auch in unseren Breiten durchgesetzt hat (und keineswegs im anglo-amerikanischen Raum verbannt bleibt), ist wohl auch daran zu erkennen, dass im Rahmen von Bildungsdiskussionen die Humanwissenschaften nunmehr gar nicht selten als „Orchideenfächer" der Universität ausgewiesen werden und dabei die Frage gestellt wird, ob man sich heute, in unserer „aufgeklärten Zeit" bei allgemeiner Ressourcenverknappung, solche Universitätsdisziplinen überhaupt noch leisten sollte. Die Orchidee steht hier ganz offensichtlich für etwas zwar Schönes, das aber in seiner Funktionalität und damit auch in seiner Wertigkeit für den Menschen völlig nutzlos sei. Damit wird ein tiefer Graben geschlagen zwischen dem Notwendigen und Nützlichen auf der einen Seite und dem Schönen als dem potentiell Nicht-Notwendigen und Unnützen auf der anderen Seite. Eine solche Unterscheidung liegt jedoch, wie es im Folgenden aufzuzeigen gilt, fernab der beobachtbaren Realität und macht daher auch gar keinen Sinn. Schönheit und Funktionalität, das Schöne und das Funktionieren sind nämlich keine sich ausschließenden Gegensatzpaare – ganz im Gegenteil: Sie können sich als komplementäre Kraftvektoren nicht nur gegenseitig ergänzen, sondern sogar gegenseitig als Promotoren und Katalysatoren wirksam werden.

Der heute so alles beherrschenden rechnerischen („naturwissenschaftlichen") Denkart wird mit diesem Schrifttum ein ästhetisches Denken gegenübergestellt. Dieses ästhetische Denken, wie es vom deutschen Philosophen, Anthropologen und Ästhetiker Wolfgang Welsch (2003) am Beginn dieses Jahrtausends erstmals systematisch vorgestellt wurde, ist auch die gebotene Ausdrucksform und sinnlich-gedankliche Bearbeitungsmöglichkeit eines ästhetischen Weltzugangs und damit die bestmöglich geeignete Form des Denkens, um dem Phänomen des Willens zum Schönen näherzukommen, diesen Willen in seiner Wesenheit auszuleuchten und zu ergründen und schlussendlich auch seine Auswirkungen auf unser tägliches Leben zu reflektieren. Um aber überhaupt berechtigterweise von einem ästhetischen Denken zu sprechen, darf Ästhetisches „nicht (nur) bloß Gegenstand der Reflexion sein, sondern (muss) den Kern des Denkens selbst betreffen. Das Denken muss als solches eine ästhetische Signatur aufweisen, muss ästhetischen Zuschnitts sein", schreibt Wolfgang Welsch (2003) in seinem Werk *Ästhetisches Denken.*

Dieses ästhetische Denken unterscheidet sich vom rechnerischen ganz grundlegend. Während das „rechnerische" Denken, wie es heute in den Naturwissenschaften zur Anwendung gelangt, vorzugsweise auf den theoretischen Grundlagen des Positivismus basiert (siehe auch Kapitel „Der Wille zum Schönen als Naturkraft"), ist das ästhetische Denken den Maximen der Postmoderne verpflichtet. Postmoderne Denkansätze – von manchen auch als Denkformen der „Spätmoderne" (Kraus 2000; Marquard 2007, 2015) benannt – werden üblicherweise als Reaktionen auf einen naiven, deshalb aber nicht weniger ernsthaften Fortschrittsglauben in den westlichen Kulturen gesehen. Ihnen allen gemeinsam ist ein tiefes Misstrauen gegen das, was heute als „objektive" bzw. „wissenschaftliche Wahrheit" ausgegeben wird; ein Misstrauen also vor allem den großen Erzählungen (Lyotard 1979) der modernen Wissenschaften gegenüber (Blackburn 1996). Die Postmoderne mit ihren so unterschiedlichen Strömungen ist eine bei weitem noch nicht abgeschlossene geistesgeschichtliche Epoche. Sie ist vielmehr ein noch laufendes Projekt mit unterschiedlichen und sich noch verändernden Denkströmen, womit eine abschließende Beschreibung und Bewertung ihrer Kennzeichnungen, Grenzziehungen und Charakteristika kaum möglich ist. Trotz aller Vielfalt postmoderner Strömungen können jedoch einige Eckpfeiler postmodernen Denkens als Orientierungshilfen festgemacht werden.

Diese Eckpfeiler oder Bezugspunkte postmodernen Denkens, die gleichzeitig auch die Grundlagen des ästhetischen Denkens darstellen, sind erstens die radikale Ablehnung dessen, was in der modernen Wissenschaft als letztgültige objektive Wahrheit bezeichnet wird. Wahres ist immer nur im Geflecht der jeweiligen Bedingungskonstellationen als solches zu erkennen. Jede Wahrheit kann immer nur eine „relative Wahrheit" sein, sie steht immer in Relation zu ihren Ausgangsprämissen und wird auch von diesen entscheidend mitbestimmt. Zweitens wird die Behauptung der Moderne verworfen, dass es eine Möglichkeit zu objektivem

Wissen gäbe, das seinerseits im Gegensatz zu einem nur subjektiven Wissen stünde. Im postmodernen Denken gibt es keine Objektivität, für uns Menschen kann es sie gar nicht geben, weil wir ja als Menschen immer Subjekte sind und dementsprechend immer und letztendlich untrennbar an das Subjektive gebunden sind. Wir sind und bleiben Subjekte, selbst dort, wo wir uns unserer Subjektivität nicht mehr bewusst sind. Unsere Weltschau ist und bleibt – welche Hilfsmittel wir auch einsetzen – immer subjektive Weltschau. Für eine „objektive Welt(ein-)sicht", also eine Weltschau, die dann gar nicht mehr von unseren subjektiven Betrachtungsweisen mitgestaltet ist, müssten wir uns selbst verlassen – was zum einen per se schon nahezu unmöglich ist und zum anderen dort, wo dies gelingt, wir bereits das Terrain psychischen Krankseins betreten.

Der dritte Eckpfeiler postmodernen Denkens kann mit der allbekannten Phrase der „Kontextabhängigkeit allen Seins" umrissen werden. Jedes Wahre ist nicht nur seiner Herkunftskonstellation entsprechend wahr, jede Wahrheit kann auch nur in einem gewissen, eben dem ihrigen Bezugssystem Bestand haben. Verändert man den Kontext, also das Bezugsystem, so kann das vormals Wahre zum Nicht(-mehr)-Wahren mutieren. Das gilt ganz besonders für die Sprache, die immer eine mehrdeutige ist. Diese Mehrdeutigkeit der Sprache (der vierte Eckpfeiler der Postmoderne) ergibt sich einerseits schon allein durch den Gebrauch der Begriffe in der Sprache (Wittgenstein 1953/1998), andererseits durch permanente Verschiebungen und Entwicklungen im historischen bzw. kulturellen Kontext, was in eine Bedeutungsvielfalt sondergleichen mündet mit all den vorstellbaren positiven (wie z.B. der Möglichkeit, Neues zu schaffen) und negativen Folgen (wie z.B. Missverständnissen aller Art bis hin zu Verwirrungen und Verirrungen).

Der fünfte Bezugspunkt der Postmoderne und ihrer Denkfiguren ist der nicht mehr zu leugnende Umstand, dass der Beobachter selbst immer auch aktiver Teil des zu beobachtenden Systems ist. Er steht nicht außerhalb des zu Beobachtenden, sondern er verändert schon allein durch sein Beobachten selbst das von ihm zu Beobachtende entscheidend mit. Das gilt im Besonderen für experimentelle Untersuchungen der Natur. Die von uns beobachtete Natur wird durch uns als Beobachter bzw. von uns als denjenigen, die ein bestimmtes Experiment durchführen, so weit verändert, dass wir nicht mehr die Natur selbst, sie „so wie sie ist", untersuchen, sondern eine Natur die „so ist, wie wir sie durch unsere Beobachtung bzw. Versuchsanordnung veränderten". Oder anders ausgedrückt – allein durch unsere Untersucherposition, die bestimmte Anlage und gewählte Methodik der Untersuchung verändern wir die Untersuchungsergebnisse in einem solchen Maße, dass unsere „Erkenntnisse" mehr mit uns selbst und unseren Forschungsmethoden zu tun haben denn mit der „wirklichen" Beschaffenheit und Funktion der Natur (die ja zumindest in positivistischen Forschungsansätzen zentraler Untersuchungsfokus ist). Als Beobachter bzw. Untersucher stehen wir also niemals außerhalb des zu beobachtenden Systems. Niemals sind wir rein objektive Betrachter. In unserer Subjektivität gefangen sind wir immer aktiv verändernder Teil des Untersuchungsprozesses und bestimmen damit immer – ob nun gewollt oder ungewollt – auch dessen Ergebnis wesentlich mit (v. Förster 1993; v. Förster & Pörksen 2003).

Fasst man diese fünf Maximen postmodernen Denkens zusammen, so ranken sie sich alle um ein Zentrum, nämlich um die Aufgabe des Anspruches auf eine im Objektiven begründete letztgültige Wahrheit. Die Zurückweisung der Möglichkeit einer solchen „letzten objektiven Wahrheit" heißt aber nicht, dass man damit jedweden Wahrheitsanspruch aufgeben muss, dass es gleichsam gar keine Wahrheit mehr geben kann und wir uns daher in einem bezugspunktlosen „anything goes" (Feyerabend 2002) verlieren müssen. Es gibt schon Wahres und damit auch Unwahres. Dieses Wahre ist aber nie ein letztgültiges Wahres, sondern eben immer von der jeweiligen Betrachtungsperspektive und Untersuchungsanordnung abhängig. Die Wahrheit als Qualitätskriterium der Denkfigur fällt jedoch weg. Eine Denkfigur ist demnach nicht allein schon deshalb von hoher Qualität, weil sie Wahres beinhaltet bzw. weil sie Wahres zutage fördert. Der Wahrheitsanspruch als Qualitätskriterium für herkömmliches rechnerisches Denken wird für das ästhetische Denken nun durch den Redlichkeitsanspruch ersetzt.

Friedrich Nietzsche (1882/1988) wies uns in seiner *Fröhlichen Wissenschaft* auf die zentrale Rolle von Redlichkeit im Sinne von Wahrhaftigkeit in der Erforschung der uns gegebenen Welt hin. Er stellte dort die Redlichkeit dem hochmütigen und gleichzeitig so lebensfremden Wahrheitsfetischismus jener im Positivismus verhaftet gebliebenen Forscher gegenüber, die in der Überzeugung leben, dass es uns Menschen doch möglich wäre, *die* objektive Wahrheit der Natur erkennen zu können. Eine solche allgemeine, letztgültige Wahrheit wird uns aber immer unzugänglich bleiben. Und schon gar nicht kann uns eine mathematische Artistik „Wahrheitsfindung" möglich machen, da sie ja „Objektivität" letztendlich immer nur vortäuschen kann. An Stelle eines vor allem von den sogenannten Naturwissenschaften dogmatisch eingeforderten, aber doch nie zu erreichenden „Wahrheitsgewinns" braucht es in der Forschung als Gütesiegel vielmehr eine sich in Redlichkeit und Wahrhaftigkeit manifestierende Wahrheitsliebe. Eine solche *Wahrheits*liebe, als Gegenmodell zur heute noch so weit verbreiteten Wahr*scheinlichkeits*liebe, kann uns dann auch viel eher neue Dimensionen unseres Weltverständnisses eröffnen (Musalek 2012a).

Diese von Nietzsche eingeforderte Redlichkeit ist auch Grundstein schlechthin für die Validität der Ergebnisse ästhetischen Denkens. Es genügt dabei aber nicht, mit Redlichkeit ästhetische Sachverhalte zu erfassen und aufzuzeichnen. Natürlich müssen auch die Ergebnisse ästhetischen Denkens und Forschens hinsichtlich Zuverlässigkeit, Nachvollziehbarkeit und Replizierbarkeit überprüft werden. Mit anderen Worten: Resultate ästhetischen Denkens sind natürlich auch auf ihre Validität zu prüfen. Damit nicht genug: Im Unterschied zum rechnerischen Denken, das da und dort immer mehr zu einem Denken „l'art pour l'art" mutiert ist – es werden oft Zahlenspiele angestellt, deren Nützlichkeit im Dunkeln bleibt, man denke nur an die Fülle von mehr oder weniger nutzlosen Statistiken, mit denen wir tagtäglich überhäuft werden –, sind Schlussfolgerungen der ästhetischen Forschung nicht nur auf ihre Validität, sondern immer auch auf ihre Relevanz zu prüfen. Es genügt also nicht, einfach nach dem Was und Wie zu fragen, sondern es braucht ganz wesentlich auch die Frage nach dem Wozu. Es gilt somit festzulegen, was man mit dem ästhetischen Denken erreichen will; dazu müssen nicht zuletzt auch Zielgrößen im lebenspraktischen Vollzug definiert werden, um Ziellinien zu ziehen, die mittels ästhetischen Denkens und Forschens auch wieder überschritten werden können.

Beispiele für solche ästhetische Zielgrößen im praktischen Leben können wir heute nicht zuletzt auch bereits in der Medizin finden. Wie der Autor bei Einführung eines neuen, ganz auf das Schöne und die Freude ausgerichteten Behandlungsprogrammes für Suchtkranke, dem sogenannten „Orpheus-Programm" zeigen konnte, ermöglicht die Etablierung des Behandlungsziels „Verbesserung der Behandlungsattraktivität", einer typischen ästhetischen Zielsetzung, auch eine Verbesserung der Behandlungs-Compliance bzw. -Adhärenz, die dann ihrerseits eine signifikante Prognoseverbesserung der Suchtkrankheit zur Folge hat (Musalek 2010a). Weitere ästhetische Zielgrößen in der Medizin wären die „Kultivierung des gastfreundlichen Umganges" mit Patienten oder aber überhaupt das Behandlungsziel „freudvolles Leben", um noch zwei andere Beispiele aus dem Bereich Medizin zu nennen. Diese zuletzt genannten Zielgrößen, die ebenso im Orpheus-Programm in die klinische Praxis umgesetzt werden (Musalek 2010a, Musalek 2011b), können dann ebenfalls auf ihre Relevanz für den Krankheitsverlauf geprüft werden. Ästhetische Zielgrößen spielen natürlich nicht nur in der Medizin eine wesentliche Rolle, sondern sind in unserem gesamten Leben von außerordentlicher Bedeutung: Denken wir an die Wirksamkeit und Relevanz von angenehmen öffnenden (aber auch von angstmachenden, verschließenden) Atmosphären für unser Zusammenleben oder an den ungeheuren Einfluss nicht nur einer schönen Umgebung oder Beziehung (oder eben gerade des Gegenteils), sondern auch einer schönen bzw. nicht schönen Zielsetzung auf unsere Motivation und Leistungsfähigkeit.

Ästhetisches Denken ist somit einerseits haltungs-orientiert (mit dem Hauptfokus Redlichkeit), anderseits methoden-orientiert (mit dem Hauptanspruch Validität im Sinne von Nachvollziehbarkeit und Replizierbarkeit) und nicht zuletzt auch ziel-orientiert (im Sinne einer Ausrichtung auf Relevanz und Nützlichkeit). Alle drei Kernbereiche ästhetischen Denkens, die *Redlichkeit*, die *Reliabilität* und die *Relevanz* (also die drei großen „R" des ästhetischen Denkens), begründen das, was wir als „Wahrheitsliebe" im ästhetischen Denken bezeichnen wollen. Diese Wahrheitsliebe, als grundlegende Maxime ästhetischen Denkens, steht in deutlichem Gegensatz zu dem, was im rechnerischen Denken unter der Bezeichnung „(objektive) Wahrheitsfindung" zum Generalthema gemacht wird. Liebe und damit auch Wahrheitsliebe entzieht sich im Kern dem rechnerischen Denken, sie ist als unmittelbar erlebbare Grundvoraussetzung des ästhetischen Denkens auch nur mittels ästhetischen Denkens selbst „wahrnehmbar", „mitteilbar" und damit „kultivierbar". Eine gewisse „theoretische" Liebe zur Wahrheit allein genügt aber noch nicht, um von Redlichkeit im engeren Sinn sprechen zu dürfen. Redlichkeit braucht ebenso wie gelebte Liebe vor allem Sorgfalt, Ausdauer, Genauigkeit, Authentizität, Aufrichtigkeit und Ehrlichkeit.

Als Ausgangspunkt für wissenschaftliche Interpretationen dienen im „ästhetischen Denken" nicht wie im naturwissenschaftlich-rechnerischen Denken (technisch erweiterte) *Sinnes*wahrnehmungen, sondern vielmehr *sinnliche* Wahrnehmungen. Schon Aristoteles hat uns in seiner Schrift *Politik* (Höffe 2007) bei der Beschreibung der Besonderheiten des Menschen als *zoon logon echon* aufgezeigt, dass der Mensch nicht nur durch seine Vernunft, sondern vor allem auch durch eine ihm besondere *aisthesis* ausgezeichnet ist. Diese menschliche *Aisthesis* ist nicht auf bloß animalisch-emotionales Fühlen zu reduzieren, sie ist eine zutiefst menschlich-emotionale Zugangsform zur Weltenkenntnis. Als besondere Möglichkeit der Erlebnisfähigkeit ist sie auch ganz wesentlicher Ausgangspunkt für ästhetisches Denken.

In einem weiteren Schritt wird ästhetisches Denken von einer „generalisierten wahrnehmungshaften Sinnvermutung („ästhetisch-imaginative Expansion")" geprägt (Welsch 2003). Diese ästhetisch-imaginative Expansion ist ihrerseits wiederum Ausgangspunkt für den dritten Schritt des ästhetischen Denkens, das reflexive Ausloten und Prüfen des Wahrgenommenen. Die Konsolidierung der auf diese Weise reflexiv zu einer „phänomenologischen Gesamtsicht" erhärteten Wahrnehmung erfolgt dann im vierten Schritt, welcher eben nicht von einem Wahrheitsanspruch im engeren Sinn, sondern vor allem von Redlichkeit im Sinne einer uneingeschränkt gelebten Wahrheitsliebe geleitet sein muss.

Ein solches auf Wahrheitsliebe basierendes ästhetisches Denken und Forschen liegt auch dem folgenden Diskurs zur Frage des Willens zum Schönen zugrunde. Diskurs wird hier als ein sinnvoller (im Sinne von zieladäquat), an Spielregeln gebundener Austausch von Argumenten verstanden (H.J. Störig 2002). Die Spielregeln des vorliegenden Diskurses sind im Wesentlichen in jenen des ästhetischen Denkens vorgegeben. Dort, wo auf geschichtliche Zusammenhänge einzugehen sein wird, ist natürlich auch auf hermeneutische bzw. archäologische Methoden zurückzugreifen und dort, wo es nötig sein wird, psychologische bzw. sozialwissenschaftliche Aspekte in die Argumentation miteinzubringen, wird auch auf rechnerisches bzw. „naturwissenschaftliches" Denken nicht zu verzichten sein. Roland Barthes erinnert uns in seinen *Fragmenten einer Sprache der Liebe* daran, dass Diskurs ursprünglich „die Bewegung des Hin-und-Her-Laufens, das ist Kommen und Gehen, das sind ‚Schritte', ‚Verwicklungen' ..." bedeutet (Barthes 1988). Und eine solche Hin-und-Her-Bewegung, ein solches Kommen und Gehen, das sind auch die Schritte, die im Folgenden getan werden sollen, um die Fragenfelder rund um einen Willen zum Schönen auszuloten und auszuleuchten. Dabei wird es nicht so sehr darum gehen, das eigentliche Wesen des Schönen dingfest zu machen – ein Unterfangen, das ja seit Platons Hippias Major von immer wiederkehrendem Scheitern verfolgt ist –, sondern vielmehr darum, die Wirkung all dessen in seiner Vielfalt der Erscheinungs- und Erlebensformen aufzuzeigen, was von uns als „schön" bezeichnet wird.

Alles, was wir unter dem Sammelbegriff „das Schöne" zusammenfassen, hat eine ungemeine Wirkung auf uns im Sinne der Anziehungskraft, aber auch im Sinne der Kraftquelle. „Schönes" und „Schönheit" als Resultate transzendentaler Verdinglichung einer Eigenschaft haben ihren Ursprung in jener archaischen Erfahrung, die wir mit den Worten ausdrücken: „etwas als schön erleben" bzw. „etwas als schön erlebt haben". Das Schöne umfasst dabei eine Fülle von Erlebnisformen, wie etwas als Angenehmes, Anmutendes, Anziehendes, Attraktives, Wunderbares, Begeisterndes und Faszinierendes (fascinatio – Behexung, Verhexung) wahrzunehmen, um nur einige davon anzuführen. Etwas als in diesem Sinn schön zu erleben, geschieht uns ganz unmittelbar – auch ganz ohne entsprechende Unterweisung bzw. sprachliche Ausdrucksmöglichkeit. Schon das Kleinstkind ist ganz offensichtlich solcher Erlebnisse fähig: Denken wir nur an das erste, Begeisterung ausstrahlende Lächeln eines Babys beim Blick in die Augen der stillenden Mutter – und an die Wiederholung desselben im Erwachsenalter: das tiefgreifende und alles umfassende Schönheitserlebnis der Verliebten beim Anblick des geliebten Partners. Wir sind ebenso wie zumindest die höheren Wirbeltiere auch zu einem ganz unmittelbaren, noch vorsprachlich-unreflektierten Schönheitserleben fähig. Dieses unmittelbare Etwas-als-schön-Erleben in all seinen Auswirkungen wird erster Ausgangspunkt unserer Diskurse zum Willen des Schönen als Naturkraft und Kultivierungsmöglichkeit sein.

Das Hauptanliegen dieser Schrift ist demnach nicht so sehr, das Wesen und den Wesensgrund des Schönen und jenes bzw. jenen des Willens umfassend auszuleuchten, sondern vielmehr, aus einer ästhetisch-phänomenologischen und praktisch-existentiellen Perspektive die Wirkkraft des Schönen in unserem und auf unser Leben auszuloten. Es geht also nicht so sehr darum, in einem theoretisch-epistemologischen bzw. in einem theoretisch-metaphysischen Diskurs Natur und Metaphysik des Willens und des Schönen aufzuklären, sondern aufzuzeigen, welche lebensbestimmende und lebensgestaltende (und auch lebenserhaltende) Funktion der Wille zum Schönen im Rahmen unserer Menschen- und Weltenentwicklung hat und welcher Stellenwert ihm daher in unserer heutigen Welt zukommt bzw. zukommen könnte und sollte. Der Wille zum Schönen wird also nicht nur hinsichtlich seiner Erscheinungsformen für uns Menschen untersucht, sondern ganz wesentlich auch bezüglich der durch ihn eröffneten und bereitgestellten Möglichkeiten einer Lebensneugestaltung und kulturellen Erneuerung.

Dabei soll das für uns Schöne hinsichtlich seiner Wirkkräfte und Kraftwirkungen in Hin- und Her-Bewegungen „umzingelt und umtanzt" werden. Günther Anders (1953) vertrat in einem Gespräch über das Philosophieren Martin Heideggers die Meinung, dass es Gegenstände gebe, die überhaupt nur „durch ein Umzingeln des Gegenstandes, durch ein Umtanzen des Gegenstandes" solange anvisiert werden können, bis sich das im Gegenstand zu Findende „herauskristallisiert". Es handelt sich hier somit um Untersuchungen, die weder eine geschlossene Einheit noch eine erschöpfende Behandlung des Themas sein können. „Es geht darum, in einem vielschichtigen Boden einige Probebohrungen vorzunehmen", wie es Michel Foucault im Vorwort zu seinem letzte Werk *Sexualität und Wahrheit* so treffend ausdrückte (Foucault 1983). Ein tanzendes Anvisieren des Gefragten und zu Hinterfragenden und einige tiefreichende Probebohrungen werden damit die Hauptaufgabe der folgenden Abschnitte zum Schönen und zum Willen sein. Diskurs wird dabei nicht ausschließlich als eine sprachliche Aktivität angesehen, die im Dienste eines Auffindens, Auslotens und Beleuchtens in gedanklichen Hin- und Her-Bewegungen steht, sondern ganz im Sinne Michel Foucaults vor allem als „eine Praxis des Denkens, Schreibens, Sprechens und auch Handelns, die diejenigen Gegenstände, von denen sie handelt, zugleich systematisch hervorbringt" (Kammler et al 2008).

Im Kapitel I wird den geistesgeschichtlichen Stömungen des Schönen, und hier vorzugsweise jenen in der westlichen Welt nachzugehen sein, um damit einen Versuch einer Begriffsbestimmung zu wagen. Im Zentrum des Interesses des darauffolgenden Kapitels steht der Diskurs zu jener uns auf so besondere Weise bewegenden dunklen Kraft, jenes Getrieben-seins, das wir zumindest seit Schopenhauer als „Wille“ bezeichnen. Nach einem ersten Ausleuchten der Gemeinsamkeiten und Unterschiede von selbstbestimmtem Wollen, Willenskraft, Instinkt, Trieb und Getrieben-sein sollen im Weiteren noch einige Ausrichtungen und mögliche Vektoren dieser Urkraft im Lichte der abendländischen Geistesgeschichte diskutiert werden.

Diese beiden Diskurse, erstens der zum Schönen und zweitens jener zum Willen, dienen auch einer Beschreibung der mannigfachen Erscheinungsformen von „Schönem“ und „Willen“, um damit das Bearbeitungsfeld des den Band I abschließenden Kapitels „Der Wille zum Schönen als Naturkraft“ aufzubereiten. In weiteren Hin- und Her-Bewegungen gilt es dann die mannigfachen Zusammenhänge vom Willen und Schönen im Willen zum Schönen auszuloten und zu vertiefen. Nietzsche sagt in seiner Abhandlung *Über Wahrheit und Lüge im außermoralischen Sinne*: „Man darf … den Menschen wohl bewundern als ein gewaltiges Baugenie, dem auf beweglichen Fundamenten und gleichsam auf fließendem Wasser das Aufthürmen eines unendlich complicirten Begriffsdomes gelingt; freilich, um auf solchen Fundamenten Halt zu finden, muss der Bau, wie aus Spinnfäden sein, so zart, um vom der Welle mit fortgetragen, so fest, um nicht vom Winde auseinander geblasen zu werden.“ (Nietzsche 1873/1988). Ganz in diesem Sinne gilt es, in den Abhandlungen zum Willen des Schönen als Naturkraft in gedanklichen Bewegungen einen „zarten und zugleich festen Spinnfädenbau“ auf den (beweglichen und fließenden) Fundamenten, den Resultaten der beiden vorhergehenden Kapitel, zu errichten. Dabei steht zuerst die Bearbeitung des Willens zum Schönen als uns bestimmende Naturkraft an, danach wird auf den Willen zum Schönen als natürliche Kraftquelle mit all den damit verbundenen Auswirkungen eingegangen.

In Band II wird auf das „Schönen“ als aktive Handlung, also auf das gestaltende Moment des Schönen fokussiert. Im Brennpunkt stehen hier all jene Prozesse und all jene menschlichen Gestaltungs- und Erlebensformen, die an der Hervorbringung des Schönes durch uns Menschen mitwirken bzw. deren wir uns im Schaffensprozess des Schönen bedienen können. Mit Hervorbringen von Schönem ist zum einen eine Externalisierung gemeint im Sinne eines menschlichen Schaffensprozesses, an dessen Ende um uns herum schöne Dinge bzw. schöne Situationen stehen, zum anderen eine Internalisierung im Sinne eines (mehr oder weniger tiefen) Erlebens und Erleben-könnens des Schönen – das Schaffen einer für uns schönen Welt in uns. Dabei soll mit der Phänomenologie des Genusses und dessen Bedingungskonstellationen ein großes Diskursfeld geöffnet werden, da das Genießen als höchste und zugleich tiefste Erlebnisform des Schönen oberstes Ziel unseres Willens zum Schönen sein muss.

Im den Band II abschließenden Epilog werden noch einige grundsätzliche Überlegungen und Schlussfolgerungen hinsichtlich der Folgeerscheinungen eines auf das Schöne ausgerichteten Lebens, vor allem auch im Hinblick auf unsere zukünftigen Entwicklungsmöglichkeiten in Kultur und Gesellschaft angestellt. Dabei wird dem Willen zum Schönen das so lebensbestimmende Thema Gesundheit gegenübergestellt und im Rahmen einer kontrapunktischen Entwicklung werden Schönes und Gesundes, der Wille zum Schönen und der Wunsch nach Gesundheit in ihren vielfachen Verbindungen und Verbindungsmöglichkeiten beleuchtet, wobei hier insbesondere Möglichkeiten des lebenspraktischen Vollzugs aufgezeigt werden sollen. Die Wirksamkeit des Schönen, vor allem im Zusammenhang mit einer therapiegeleiteten (Wieder-)Belebung und Kultivierung des Willen zum Schönen, und damit nicht zuletzt die Wirkung des ästhetischen Denkens und des ästhetischen Diskurses ist für ein gesundes Leben für uns alle von höchster Relevanz.

Als Menschen sind wir zur Weltenschaffung fähig. Wie unsere Welt beschaffen ist, ob sie eine nur auf finanziellen Profit ausgerichtete ist, in der nur Erfolg bzw. Machtzuwachs zählen – oder ob sie auf Leistung und Solidarität fokussiert und darüber hinaus noch Freude und Genuss im Visier hat, liegt ganz an uns. Ob unsere Weltgestaltung sich ausschließlich an ökonomischen Maximen orientiert oder ob die Schaffung und Gestaltung unserer Welt als Kosmopoiesis auch zu einer Schaffung und Gestaltung einer für uns *schönen Welt*, also zu einer *Kosmopoesie* wird, das obliegt uns. Es sind nämlich die von uns geschaffenen Handlungskoordinaten und -vektoren, die unser gestalterisches Handeln leiten. Damit liegt unsere nächste Aufgabe auf der Hand: Nach einem Jahrhundert der analytisch-wissenschaftlichen Nüchternheit, in dem Romantik gleichsam zum Unwort wurde, ist es nun an der Zeit, wieder erste Schritte in Richtung einer neuen Romantik zu wagen; erste Schritte in ein neues Zeitalter, in dem die unleugbaren naturwissenschaftlichen und technischen Erfolge des vorigen Jahrhunderts nicht verworfen, sondern ganz in den Dienst einer auf das Schöne ausgerichteten Weltenschaffung gestellt werden, einer Weltenschaffung und -gestaltung, die für sich den Anspruch stellt und auch erfüllt, eben nicht nur Kosmopoiesis zu sein, sondern ganz wesentlich auch Kosmopoesie zu werden.

Der Wille – Versuche einer Begriffsbestimmung

„... von früh an wringt ein wem, wem zu Liebe
niemals zufriedener Wille? ... er wringt sie,
biegt sie, schlingt und schwingt sie,
wirft sie und fängt sie zurück; ...“
Rilke RM: Duineser Elegien V

Bevor wir uns dem Diskurs zum Willen des Schönen als Naturkraft zuwenden, muss bestimmt werden, was wir unter dem Begriff „Wille“ verstehen wollen. „Wille“ ist in der Alltagssprache wie in der Philosophie ein vieldeutiges Wort, es umfasst nicht nur unterschiedliche, sondern mitunter auch gegensätzliche Bedeutungsfelder. Üblicherweise wird unter dem Willen „das Vermögen des Menschen verstanden, bewusst und absichtlich Ziele zu setzen und zu verfolgen, nach den selbst gesetzten Zielen und Zwecken zu handeln“ (Ulfig 1999). Wille bzw. „Willensakt“ ist hier Ausgangspunkt von unserem absichtsvollen Handeln. Der so verstandene Wille und die damit in Verbindung stehenden Handlungsweisen bilden damit einen Gegensatz zum Triebhaften bzw. zu Instinkthandlungen. Wenn wir über den Willen und seine Umsetzung sprechen, dann meinen wir damit bewusste Entscheidung und geplantes Handeln, die letztendlich zum Erreichen des Gewollten führen. Man kann demgemäß den Willen auch als „die dem bewussten Handeln zugrunde liegende ‚Fähigkeit‘ auffassen, sich bewusst aufgrund von Beweggründen (Motiven) für einen bestimmten Handlungsweg oder eine bestimmte Handlungsart zu entscheiden“ (Fröhlich 1993). Zentral für die Willenshandlung ist also der Entschluss des Individuums. Als Wille bzw. Willensakt wird das Bestreben, eine bestimmte Handlung auszuführen, bezeichnet. Es handelt sich dabei um einen seelischen Vorgang, als dessen Ursprung das Ich erlebt wird und der auf die leibliche Verwirklichung eines vorgestellten Erfolgs gerichtet ist (Häcker & Stampf 1998).

Der Begriff „Wille“ betont in diesem Sinne also „die bewusste Ausrichtung und Anspannung des Handelns, und damit die Anstrengungsbereitschaft auf ein Ziel hin. Die auffälligste Willensbekundung des Entscheidungsprozesses ist der Entschluss, eine bestimmte Alternative auszuwählen“ (Clauß 1995). Ihm folgt dann die bewusste planvolle Willenshandlung. Dementsprechend wird im Duden (Duden 2013) als Bedeutung des Wortes Wille auch „jemandes Handlungen, Verhaltensweisen leitendes Streben, Wollen, besonders als Fähigkeit des Menschen, sich bewusst für oder gegen etwas zu entscheiden; durch bewusste geistige Entscheidung gewonnener Entschluss zu etwas; bestimmte feste Absicht" genannt. Als Beispiele werden hier angeführt: „unser aller Wille", „mein freier Wille, dies zu tun", „den besten Willen zeigen", „seinen Willen durchsetzen", „der gute Wille allein reicht nicht aus" etc. Als Synonyme für den Willen finden sich im Duden Begriffe wie Absicht, Anliegen, Bestreben, Gedanke, Intention, Plan, Vorhaben, Vorsatz, Wollen, Wunsch, Zielsetzung, Zielvorstellung, Zweck, und Trachten.

Dieser Willensbegriff steht für einen psychischen Akt, der es uns ermöglicht, unsere selbstgewählten Anliegen, Wünsche und Begehren auch in die Tat umzusetzen. Er wird in der Regel als ein unbestimmtes Gefühl erlebt, das mit dem von uns so und nicht anders Gewollten in enger Verbindung steht. Als Menschen sind wir nicht so wie die Tiere nur zum Fühlen, sondern auch zum Denken und Wollen fähig. Aristoteles sprach von einer Dreiteilung der menschlichen Seele: zusätzlich zum vegetativen und animalen Seelenanteil verfügt der Mensch auch über eine „Geistseele", also jenen Seelenteil, der uns nicht nur das Denken, sondern auch ein selbstgewähltes Wollen ermöglicht und uns erst zu dem macht, was wir sind und sein können (Aristoteles 1992). Alles was lebt, hat seiner Meinung nach eine Seele. Pflanzen haben nur eine „vegetative" Seele: Sie regelt Fortpflanzung, Ernährung und Wachstum. Die Tiere haben darüber hinaus auch eine „animale" Seele. Sie befähigt sie zum Wahrnehmen, Empfinden und Fühlen. Der Mensch kann auch etwas wollen. Inwieweit dieses Wollen auch ein von uns völlig frei Gewähltes oder doch nur ein uns im Wesentlichen Vorgegebenes ist, war und ist Gegenstand von nun bereits viele Jahrhunderte andauernden philosophischen Diskursen zur Willensfreiheit des Menschen, die zwischen den Extrempositionen einer uneingeschränkten Akzeptanz und einer völligen Ablehnung derselben hin- und herwogen (Walter1997; Bieri 2001).

Wille, Trieb und Instinkt

Ein Willensbegriff, der sich in seinem Kern auf Volition im Sinne von mehr oder minder selbstgewähltem Wollen bezieht, steht in krassem Gegensatz zu den Begriffen Trieb und Instinkt. Als Trieb wird ein inneres Begehren bezeichnet, das uns zu bestimmten Handlungen treibt, also ein innerer Antrieb, der auf die Befriedigung starker, oft lebensnotwendiger Bedürfnisse zielt (Duden 2013). Sigmund Freud beschreibt den Trieb als eine psychische Größe, deren Grund in der Regel im Dunkeln bleibt. „Unter einem Trieb können wir zunächst nichts anderes verstehen als die psychische Repräsentanz einer kontinuierlich fließenden, inner-somatischen Reizquelle, zum Unterschiede vom Reiz, der durch vereinzelte und von außen kommende Erregungen hergestellt wird. Trieb ist so einer der Begriffe der Abgrenzung des Seelischen vom Körperlichen ..." (Freud 1905/1999). Triebe sind Kräfte, die sich in Vorstellungen, Gestimmtheiten und Affekten manifestieren und die als Drang bis hin in ein Getrieben-sein erlebt werden. Das Ziel dieses Dranges ist die Aufhebung eines bestehenden unlustvollen Reizzustandes. Freud sieht den Menschen als ein Wesen, dessen Erleben und Handlungen im Wesentlichen von seinen sexuellen, narzisstischen und aggressiven Triebwünschen bestimmt sind, die, wenn sie nicht im Einklang mit dem Wertesystem des Einzelnen stehen, verdrängt werden müssen. Der Ausgleich von Triebbegehren und Wertvorstellungen wird damit zur zentralen Lebensaufgabe des Menschen. Der Begriff Trieb wird von ihm oft auch synonym mit dem Begriff Instinkt verwendet.

Im Gegensatz zum Trieb als innerem Begehren wird mit dem Begriff Instinkt im allgemeinen Sprachgebrauch aber auch auf automatische, nicht erlernte, stereotype Antworten auf spezifische Stimuli verwiesen (Stevenson 2010). Der Begriff Instinkt hat seinen Ursprung in dem lateinischen Ausdruck „instinctae naturae" (siehe auch: instiguere lat.– anstacheln, antreiben) und wird heute in der Regel als Sammelbegriff für naturgegebene Handlungsmuster und Verhaltensstereotypien bei Tier und Mensch verwendet. Die wissenschaftliche Beschäftigung mit Instinkten fand ihre Hochblüte in der Tierpsychologie des 20. Jahrhunderts. Sie widmet sich im Besonderen der Erforschung der inneren Gründe für bestimmte Verhaltensstereotypien, wobei auch hier nicht selten Trieb und Instinkt im Wesentlichen gleichbedeutend verwendet werden. Selbst in der Verhaltensforschung, quasi der Kernwissenschaft der „Automatismen", werden die Begriffe Instinkt und Trieb synonym verwendet, was begreiflicherweise allerlei Missverständnisse und Fehlinterpretationen nach sich ziehen muss, worauf hier im Einzelnen nicht eingegangen werden kann. Unabhängig von allen definitorischen Unschärfen ist beiden Begriffen eines zu eigen, nämlich dass sie nichts mit jenem vom Menschen selbstgewählten Verhalten zu tun haben, das wir als Gewolltes dem Willen zuordnen. Beide mit den Begriffen verbundenen Handlungen oder Aktionen treten ohne Entscheidungsvorlauf in Erscheinung; beide werden auch ganz ohne das Wollen des Menschen wirksam. Neben allen begrifflichen Entsprechungen von Trieb und Instinkt gibt es dennoch gravierende Unterschiede, was nicht zuletzt darin erkennbar wird, dass der Mensch heute nicht selten als zwar instinktarm, aber durchaus triebreich angesehen wird und demzufolge als quasi doppeltes „Mängelwesen" (zu wenig „tierische" Instinkte und zu wenig „göttlicher" Verstand) sein Leben fristet.

Der Begriff Wille steht nicht nur für ein Wollen mit mehr oder weniger freier Wahlmöglichkeit, sondern gleichzeitig für „Willenskraft". Früher waren viele davon überzeugt, dass man mit festem Gottesglauben (wie z.B. in Hiob 9,5; Matth. 17,20; Mark. 11,23 u.a. festgeschrieben) alles Gewollte erreichen könne, heute wird das Erreichen von Gewolltem eher der eigenen Willenskraft zugerechnet (Cohen 1995). In beiden Fällen wird der Wille als Kraft ausgewiesen, die wir aufzubringen fähig sind, um ein bestimmtes Ziel zu erreichen bzw. um etwas, das wir uns vorgenommen haben, auch umzusetzen zu können. Diese unterschiedlich stark ausgeprägte Willenskraft wird verkürzt als „schwacher" und „starker Wille" bezeichnet. Von nicht wenigen wird ein solcher „schwacher" bzw. „starker" Wille sogar als konstitutives Moment für sogenannte „willensschwache" und „willensstarke Menschen" gewähnt. „Willensschwäche" bzw. „Willensstärke" werden damit zu naturgegebenen, unverrückbaren Persönlichkeitseigenschaften hochstilisiert, durch die im Fall der Willensstärke Menschen über andere erhöht bzw. im Fall der Willensschwäche anderen gegenüber erniedrigt werden. Die Konstrukte „willensschwacher Mensch" und „willensstarker Mensch" und die damit verbundenen Wertverschiebungen spielen in unserer Gesellschaft leider eine vorrangige Rolle. Dies wird in schmerzlicher Weise besonders im Umgang mit psychisch Kranken und hier vor allem mit Suchtkranken deutlich. Diese werden von vielen als „Willensschwache" gebrandmarkt und damit in ihrem Menschsein entwertet (Radoilska 2013).

Dabei gibt es in unserer beobachtbaren Realität gar keine willensstarken oder willensschwachen Menschen (also solche, die immer und überall Willensstärke oder Willensschwäche aufweisen).

„Willensstärke“ bzw. „Willensschwäche“ sind nämlich nicht feststehende Persönlichkeitsmerkmale, sondern treten immer situations- bzw. motivabhängig in Erscheinung. Ein einzelner Mensch kann in bestimmten Situationen Willensstärke beweisen, während er in anderen Gegebenheiten durchaus zur Willensschwäche neigt. Willensstärke und Willensschwäche sind nichts anderes als Ausdrücke unterschiedlicher Motivationsgrade.

Als Menschen verfügen wir über eine Vielzahl von Motivatoren, die uns die nötige Kraft geben, um ein selbstgestecktes Ziel auch zu erreichen. Ein wesentlicher Motivator ist die Attraktivität eines von uns gesetzten Zieles. Je attraktiver das Ziel und der Weg dorthin, desto höher ist auch der Motivationsgrad, desto größer die „Willensstärke“ (Musalek 2012b). Ist ein Ziel nicht attraktiv für uns, weil es z.B. von anderen Menschen vorgegeben wird, sind wir auch nicht sonderlich motiviert, es zu erreichen. Von außen wird dies dann nicht selten als Willensschwäche wahrgenommen. So ist z.B. für die meisten Suchtkranken Enthaltsamkeit und Abstinenz primär kein hochattraktives Ziel; dementsprechend gering ist oft der Motivationsgrad, dauerhaft abstinent zu bleiben und auf das in seinen vordergründigen Wirkungen in der Regel hochattraktive Suchtmittel langfristig zu verzichten. Die selben Suchtkranken können aber einen äußerst „starken Willen“ im Sinne der Durchsetzungskraft entwickeln, wenn es darum geht, einen stationären Aufenthalt in einer Spezialklinik unmöglich zu machen.

Aber auch unabhängig von jedweder Suchtproblematik wissen wir um die Kraft der Motivation eines schönen Zieles. Denken wir nur an eine Bergbesteigung. In der Vorfreude auf das Gipfelerlebnis können wir alle unsere Kräfte mobilisieren und halten auch noch auf den letzten Metern durch, obwohl uns erschöpft schon längst nach Ausruhen ist. Denken wir an eine attraktive Berufsaufgabe, die zu erledigen ist – welche Ausdauer können wir hier an den Tag legen, und an wie viel einfacheren Aufgaben scheitern wir willensmäßig, nur weil das Ziel für uns eben nicht so attraktiv ist. Schon diese wenigen Beispiele illustrieren deutlich, dass ein „starker“ bzw. ein „schwacher Wille“ keine von der Natur festgeschriebene Persönlichkeitseigenschaft ist, sondern ein vor allem vom Schönen abhängiger Wirkungs- und Umsetzungsparameter.

In der Jurisprudenz versteht man unter dem Begriff „Wille“ die im Handeln zum Ausdruck kommende Fähigkeit der persönlichen Selbstbestimmung. Man übernimmt damit Verantwortung für sein

Handeln. Daher muss für den Willensakt ein Maß von Wachheit und Einsicht vorausgesetzt werden. Der Handlungsvollzug kann sich dabei zeitlich durchaus weit vom Entschluss absetzen (Hehlmann 1967). Diese Selbstbestimmung kann im Krankheitsfall oder z.B. unter Einwirkung von Drogen bzw. Arzneimittel beeinträchtigt sein, wobei in der Rechtsprechung zwischen einer Einschränkung der Willensbildung, basierend auf einer kritischen Beurteilung der jeweiligen Situation bzw. Gegebenheit, und einer Verminderung des willentlichen Handlungsvollzugs unterschieden wird. Wille hat hier etwas mit Wahl zu tun: Die Auswahlmöglichkeit einer Handlungsweise, die ethisch-moralisch als richtig ausgewiesen wird, steht hier im Vordergrund. Schon die Gebrüder Grimm haben in ihrem Wörterbuch darauf hingewiesen, dass Wille und Wahl etymologisch ähnlicher Herkunft sind (Grimm & Grimm 1854/1999).

Andere etymologische Wurzeln des Begriffs Wille sind das gotische „willja" bzw. „vil", das mit „Begierde" und „Lust" übersetzt werden kann, sowie „wilna", das so viel wie „begünstigen" bedeutet. Der ursprüngliche Bedeutungsumfang und Verwendungskreis des Wortes ist demnach viel weiter, als es der der heutige Sprachgebrauch erwarten lässt. Er erstreckt sich auch auf das Fühlen, vor allem auf die Gesinnung und die Gemütsstimmung, und nicht zuletzt auf die triebhaften Regungen und Begierden, wie z.B. den Geschlechtstrieb (Grimm & Grimm 1854/1999). Im Gegensatz zu einem auf das selbstbestimmte Wollen reduzierten Willensbegriff umfasst der Begriff Wille in seiner erweiterten Bedeutung also durchaus auch das von und in uns wahrnehmbare Drängen und Getrieben-sein und damit jene psychischen Zustände, die wir oben noch als Triebe bzw. Instinkte und damit als dem „Wahlwillen" gegenüberstehende Phänomene erachtet haben.

Die Verwendung des Begriffs Wille in einem weiten Bedeutungsumfang finden wir auch in Arthur Schopenhauers (1788-1860) Hauptwerk *Die Welt als Wille und Vorstellung* vor. Als Wille versteht Schopenhauer nicht nur das selbstbestimmte Wollen, sondern alles, was übrig bleibt, wenn wir von unserem Erlebensfeld das, was er als Vorstellungen bezeichnet, subtrahieren. „Sobald das Erkennen, die Welt als Vorstellung, aufgehoben ist, bleibt überhaupt nichts übrig, als bloßer Wille, blinder Drang" (Schopenhauer 1818/1977). Es ist also zuvorderst ein grund- und zielloser, blinder Drang, den er als Willen bezeichnet. Wir können ihn in uns spüren, aber letztlich nicht fassen. Wir erleben ihn ganz unmittelbar und doch ist er schwer zu beschreiben. Er ist in uns und mit uns, obwohl er von uns nicht begründet werden kann. Als letztendlich nicht begründbare Kraft ist der Wille auch die letzte, oder besser gesagt: die erste Instanz, die unser Sein begründet. Der Wille bildet somit den Urgrund von uns selbst und des ganzen Weltgeschehens. Als Urgrund ist er selbst aber von aller Kausalität frei (Schneider 2002). Mit der Feststellung, dass der Wille der Urgrund all unseres Seins ist, wird von Schopenhauer – und in seinem Gefolge dann auch von Nietzsche – die seit der Aufklärung bestehende Vormachtstellung des Geistes, der Vernunft und des Verstandes nachhaltig überwunden. Der Verstand und die Vernunft begründen nicht mehr die Welt, sind auch nicht mehr die Beweger der Welt (Schischkov 1991). Es ist vielmehr eine innere Getriebenheit, ein Getrieben-sein und Getrieben-werden, das uns all jene Handlungsweisen ermöglicht, die für das Aufrechterhalten und die Weiterentwicklung von uns und unserer Welt vonnöten ist. Diesen von uns als Getrieben-sein erlebten Antrieb, der gleichzeitig auch Urkraft der ganzen Welt ist, nennt Schopenhauer Wille.

Das Wort Wille wird von Schopenhauer somit als allgemeine Bezeichnung für alle Arten von Triebregungen und aktiven Willensvorgängen eingesetzt. Als einheitliche Kraft gedacht, umfasst der Wille einfache Triebhandlungen bis hin zu komplexen Willkürhandlungen. Der Wille ist nicht bloß eine Kraft unter vielen; er ist vielmehr *die* Ur-kraft unseres Lebens und Erlebens schlechthin. Für Schopenhauer ist damit nicht mehr der Intellekt zentraler Lebensmotor des Menschen, sondern ein Triebwille, der alles bewegt. Unter diesen Triebwillen fällt auch auch der Geschlechtstrieb. Dieser bestimmt für Schopenhauer das menschliche Wesen und Handeln ganz wesentlich mit. In seiner Willensmetaphysik hält er dazu fest: „Im Grunde werden wir von unserem Geschlecht regiert, denn der Brennpunkt unseres dunklen Triebwillens liegt in den Genitalien." Die Geschlechtsliebe ist ... „die stärkste und die tätigste aller Triebfedern, da sie die Hälfte der Kräfte und Gedanken fortwährend in Anspruch nimmt, das letzte Ziel fast jedes menschlichen Bestrebens ist, auf die wichtigsten Angelegenheiten nachteiligen Einfluss erlangt, die ernsthaftesten Beschäftigungen zu jeder Stunde unterbricht, bisweilen selbst die größten Köpfe auf eine Weile in Verwirrung setzt ... im ganzen Auftritt als ein feindseliger Dämon, der alles zu verkehren, zu verwirren und umzuwerfen bemüht ist." (Schopenhauer 1818/1977)

Diese Urkraft bleibt aber nicht gleichsam im Geschlechtstrieb und den damit zu setzenden Handlungen stecken, sie ist weit darüber hinausreichend eine allumfassende Kraft, die all unsere Handlungen und damit unser ganzes Leben antreibt. Dieser Wille ist aufs Engste mit unserer Leiblichkeit verbunden. Mehr noch: Er wird als Urkraft selbst leiblich erlebt. „Jeder wahre Akt seines Willens ist sofort und unausbleiblich auch eine Bewegung seines Leibes: er kann den Akt nicht wirklich wollen, ohne zugleich wahrzunehmen, dass er als Bewegung des Leibes erscheint. Der Willensakt und die Aktion des Leibes sind nicht zwei objektiv erkannte, verschiedene Zustände, die das Band der Kausalität verknüpft, stehen nicht im Verhältnis der Ursache und Wirkung; sondern sie sind eines und dasselbe, nur auf zwei gänzliche verschiedene Weisen gegeben: einmal ganz unmittelbar und einmal in der Anschauung für den Verstand. Die Aktion des Leibes ist nichts anderes als der objektivierte, das heißt in die Anschauung getretene Akt des Willens." (Schopenhauer 1818/1977) Leib und Wille sind also nicht kausal verkettet, sondern sie sind ein und dasselbe. „Mein Leib und mein Wille sind eins, weil diese Wahrheit der Grundstein meiner Philosophie ist, nenne ich sie philosophische Wahrheit." (Schopenhauer 1818/1977) Den Willen, unser innerstes Begehren, leiblich zu spüren, ist auch unser einziger direkter und unmittelbarer Weltzugang; alle anderen Weltzugangsmöglichkeiten sind in Schopenhauer'scher Terminologie nur vom Menschen selbst im Gegenüber der uns gegebenen Natur geschaffene Vorstellungen.

Wir empfinden unseren Willen als dumpfes Gefühl, noch mehr als das: Wir empfinden auch die „Folgeerscheinungen" des Willens, die eigentlich nur bestimmte Ausdrucks- bzw. Erscheinungsformen des Willens sind, ganz unmittelbar (also ohne dazwischengeschalteten intellektuellen Erkenntnisakt). Die Art und Weise der „Folgen" (Erscheinungsformen) des Willens hängen, nach Schopenhauers Ansicht, von der Befriedigung bzw. Nicht-Befriedigung desselben ab: Einmal sind es Wohlempfinden und Wohlbehagen, das andere Mal Schmerz und Leid. Im willensbefriedigten Wohlempfinden und im begehrensunbefriedigten Schmerz erleben wir uns selbst in unserer Leiblichkeit ganz unmittelbar. „Jeder wahre, echte, unmittelbare Akt des Willens ist sofort und unmittelbar auch erscheinender Akt des Leibes: und in diesem entsprechend ist andererseits jede Einwirkung auf den Leibe sofort und unmittelbar auch Einwirkung auf den Willen: sie heißt als solche Schmerz, wenn sie dem Willen zuwider; Wohlbehagen, Wollust, wenn sie ihm gemäß ist." (Schopenhauer 1818/1977).

Schopenhauer präsentiert uns hier eine dichotome Erlebniswelt mit Schmerz auf der einen Seite und Wohlbehagen auf der anderen Seite. Allerdings besteht für ihn die Welt nicht in diesen beiden Gegensätzen, sondern er postuliert, eine artifizielle bipolare Welt damit überwindend, die Existenz einer Welt der Kontinua, wenn er betont: „Die Gradationen beider (des Schmerzes und der des Wohlbehagens) sind sehr verschieden." (Schopenhauer 1818/1977). Wir alle leben somit auf einem Kontinuum zwischen den beiden Extrempolen „völliger Schmerz" und „völliges Wohlbehagen"; je nach Befriedigungsgrad des Willens einmal mehr auf der Seite des Schmerzes und das andere Mal mehr auf der Seite des Wohlbehagens. Seiner Ansicht nach beginnt der Mensch seine Existenz allerdings nicht in Äquidistanz zu den beiden Extrempolen „völliger Schmerz" und „allumfassendes Wohlbehagen" – und schon gar nicht auf der Seite eines primären Wohlbehagens –, sondern weit auf der Seite des Schmerzes, wenn er behauptet:. „Der Wille ist Unruhe, Streben nach etwas, Notdurft, Lechzen, Gier, Verlangen, Leiden – eine Welt des Willens kann nichts anderes als eine Welt des Leidens sein." (Schopenhauer 1818/1977). Da Notdurft und Gier letztendlich nicht nachhaltig befriedigt werden können, da Gier, selbst wenn sie primär erfüllt wird, wieder nur ein Mehr an Gier zur Folge hat, ist Leiden unvermeidbar. Die Befriedigung des Willens und damit das Wohlbehagen des Menschen sind bei Schopenhauer immer nur kurzfristige Angelegenheiten. Schon nach einer sehr kurz dauernden Latenz drängt der Wille nach mehr Noch-nicht-Erfülltem bzw. Noch-nicht-Befriedigtem; auf lange Sicht gesehen überwiegt daher bei ihm immer Leid und Schmerz. Das menschliche Leben ist für Schopenhauer folgerichtig ein im Wesentlichen schmerzensreiches und leidvolles.

Den einzigen wirklichen Ausweg aus dieser Welt des Schmerzes und des Leidens sieht Schopenhauer in der Kunst. Sie wirkt als „Quietiv des Willens" (Schopenhauer 1966); sie ist es, die uns vom Schmerz auf die andere Seite des Erlebens-Kontinuums bringen kann. Sie ist für ihn das „Beruhigungsmittel" schlechthin und damit allein fähig, die Unruhe des Willens zu beruhigen. Selbst mit all unserem Verstand und all unserer Vernunft können wir dem leidvollen Leben nicht Herr werden. „Das ‚Ich' ist in Wahrheit nichts als eitle Illusion, die Vernunft ein Sklave unserer Leidenschaften, das Leben im Kern sinnlos und von Leiden bestimmt, wäre da nicht die erlösende Kraft der Kunst und die wundersame Verbundenheit alles Lebendigen“ (Schiffter 2013). Die Kunst, das Kunstwerk ist für Schopenhauer jedoch nicht nur Quietiv, sondern auch Ausdruck dessen, wozu wir als Menschen nicht zuletzt aufgrund unseres Wollens fähig sind. Das Kunstwerk, wie er es ausdrückt, ist die „Objektivation“ des Willens.

„Dass wir alle die menschliche Schönheit erkennen ..., im echten Künstler aber dies mit solcher Klarheit geschieht, dass er sie zeigt, wie er sie nie gesehen hat ...; dies ist nur dadurch möglich, dass der Wille, dessen adäquate Objektivation, auf ihrer höchsten Stufe, hier beurteilt und gefunden werden soll, ja wir *selbst* sind. Dadurch allein haben wir in der Tat eine Antizipation dessen, was die Natur ... darzustellen sich bemüht.“ (Schopenhauer 1818/1977). Der Wille in uns, der primär an sich und auch für uns nicht sichtbar und erkennbar ist, aber sehr wohl in uns und für uns spürbar ist, wird so zum Beispiel durch Musik als seine Objektivation für uns auch erkennbar. Er wird durch den Prozess der Objektivation gegenständlich und damit für uns greifbar und fassbar. Oder in der Terminologie Schopenhauers ausgedrückt: Er wird damit Teil der von uns vorgestellten Welt, unserer Vorstellungswelt. Wenn Schopenhauer von Kunst und Kunstwerk spricht, dann meint er zuvorderst das musikalische Kunstwerk – denn: Musik ist für ihn die Objektivation des Willens schlechthin.

Der Wille ist uns damit in zweifacher Hinsicht zugänglich: zum einen über unsere Vorstellungen zu den vom Willen geschaffenen Objekten, also zu seinen Objektivationen, und hier vor allem in der und durch die Musik. Zum anderen erfahren wir den Willen ganz unmittelbar durch das Erleben von uns selbst in unserer Leiblichkeit. Das einzige Objekt, das der Mensch sich nicht nur vorstellen kann, sondern das er auch ganz unmittelbar zu erleben im Stande ist, ist er selbst in seiner Leiblichkeit, so die Meinung Schopenhauers. Betrachten wir uns selbst, dann können wir das einerseits in unseren Vorstellungen über uns tun, andererseits haben wir die Möglichkeit, uns ganz unmittelbar leiblich als Objekt unabhängig von den Betrachtungsweisen anderer zu erleben. In mir begegne ich mir selbst – und damit auch dem alles begründenden Willen. Schopenhauer führt dazu aus: „Dem Subjekt des Erkennens, welches durch seine Identität mit dem Leibe als Individuum auftritt, ist dieser Leib auf zwei ganz verschiedene Weisen gegeben:

einmal als Vorstellung in verständiger Anschauung, als Objekt unter Objekten, und den Gesetzen dieser unterworfen; sodann aber zugleich auf eine ganz andere Weise, nämlich als jenes jedem unmittelbar Bekannte, welches das Wort Wille bezeichnet." (Schopenhauer 1818/1977)

Für Schopenhauer ist dieser Wille nicht nur eine besondere Form des von uns erlebbaren Wollens, sondern er bezeichnet den Willen in Anwendung der Kant'schen Anschauung und Terminologie auch als ein „Ding an sich", das hinter all den Dingen für mich steht. Kant meinte noch, dass uns dieses „Ding an sich" nicht zugänglich wäre; es wäre uns nur möglich, aus der Existenz der „Dinge für uns", also jener von uns erkennbaren Dinge auf die dahinterliegenden „Dinge an sich" rückzuschließen. Schopenhauer geht hier einen Schritt weiter. Er zeigt uns auf eindrucksvolle Weise, dass wir nicht nur über eine intellektuelle Rückschlussmöglichkeit verfügen, sondern dass es uns auch möglich ist, dem alles zugrunde liegenden Willen, dem hinter allen Dingen stehendenden, dem für sich selbst grundlosen „Ding an sich" ganz unmittelbar in uns selbst zu begegnen, nämlich immer dann, wenn wir uns selbst in unserer Leiblichkeit und in unserem „Wollen" verinnerlichen: „Mein Leib und mein Wille sind eins" (Schopenhauer 1818/1977). Erkenne ich das eine, dann eröffnet sich zugleich der Zugang zum anderen. Es ist nur eine Frage der Perspektive der Betrachtung: „Der Wille ist die Erkenntnis *a priori* des Leibes, und der Leib die Erkenntnis *a posteriori* des Willens" (Schopenhauer 1818/1977).

Durch reflexive Innenbetrachtung wird uns der Zugang zu unserem leiblichen Selbst und damit auch zum Willen eröffnet. Damit tauchen wir unmittelbar in das Reich des alles begründenden, aber selbst grundlosen Willens ein. „Der Wille als Ding an sich liegt, dem Gesagten zufolge, außerhalb des Gebietes des Satzes vom Grund in allen seinen Gestaltungen, und ist folglich schlechthin grundlos, obwohl jede seiner Erscheinungen durchaus dem Satz vom Grunde unterworfen ist: er ist ferner frei von aller Vielheit, obwohl seine Erscheinungen in Zeit und Raum unzählig sind: er selbst ist einer: jedoch nicht wie ein Objekt eines ist, dessen Einheit nur im Gegensatz der möglichen Vielheit erkannt wird: noch auch wie ein Begriff eins ist, der nur durch Abstraktion von der Vielheit entstanden ist: sondern er ist eines als das, was außer Zeit und Raum, dem principio individuationis, das ist der Möglichkeit der Vielheit, liegt" (Schopenhauer 1818/1977). Der Wille ist dem Menschen gleichzeitig aber auch „Schlüssel zu seiner eigenen Erscheinung, offenbart ihm die Bedeutung, zeigt ihm das innere Getriebe seines Wesens, seines Tuns, seiner Bewegungen" (Schopenhauer 1818/1977). Alle unsere Bewegungen, all unser Tun und Handeln, all unsere Aktionen sind letztendlich im Willen begründet. „Die Aktion des Leibes ist nichts anderes als der objektivierte, das heißt in die Anschauung getretene Akt des Willens" (Schopenhauer 1818/1977). Schopenhauer legt besonderen Wert darauf, dass Wille und Handlung nicht als kausal miteinander verknüpft angesehen werden, sondern dass auch sie ein und dasselbe sind – jeweils nur von verschiedenen Seiten aus betrachtet: „Jeder wahre Akt seines Willens ist sofort und unausbleiblich auch eine Bewegung seines Leibes: er kann den Akt nicht wirklich wollen ohne zugleich wahrzunehmen, dass er als Bewegung des Leibes erscheint." (Schopenhauer 1818/1977).

Der Wille zum Leben (Schopenhauer)

Was ist nun aber die Ausrichtung dieses Schopenhauer'schen Willens, was ist seine Zielsetzung? – oder ist der Wille gar nur zielloses Hin-und-Her-Getrieben-sein in dieser Welt? Für den Pessimisten Schopenhauer ist die Welt, zumindest so, wie wir sie erfahren und wahrnehmen können, prinzipiell sinnlos. Der Sinn der Welt oder das, was hinter dieser Welt bzw. an deren Beginn steht, ist uns nicht bekannt – und wird uns wahrscheinlich auch immer unbekannt bleiben. Da aber ein Wollen per se auf etwas ausgerichtet sein muss (da es sonst nicht als ein Wollen zu bezeichnen wäre), muss auch der Wille zumindest eine gewisse Ausrichtung, wenn schon nicht ein konkretes Ziel haben. Da ist es für uns als sich selbst erleben könnende Lebewesen nur naheliegend, diese Ausrichtung des Weltwillens auf das Leben selbst zu beziehen. Schopenhauer legt uns seine diesbezüglichen Überlegungen folgendermaßen dar: „Der Wille, welcher rein an sich betrachtet, erkenntnislos und nur ein blinder, unaufhaltsamer Drang ist, wie wir ihn noch in der unorganischen und vegetabilischen Natur und ihren Gesetzen, wie auch im vegetativen Teil unseres eigenen Lebens erscheinen sehen, erhält durch die hinzugetretene, zu seinem Dienst entwickelte Welt der Vorstellung die Erkenntnis von seinem Wollen und von dem was es sei, dass er will, dass es nämlich nichts anderes sei als diese Welt, das Leben, gerade so wie es dasteht. Wir nannten deshalb die erscheinende Welt seinen Spiegel, seine Objektivität: und dass das, was der Wille will, immer das Leben ist, eben weil dasselbe nichts weiter als die Darstellung jenes Wollens für die Vorstellung ist; so ist es einerlei und nur ein Pleonasmus, wenn wir statt schlechthin zu sagen, ‚der Wille', sagen ‚der Wille zum Leben'" (Schopenhauer 1818/1977).

Wille ist bei Schopenhauer also entschieden mehr als nur ein Sammelbegriff für die verschiedenen Formen selbstbestimmten Wollens, er ist auch nicht nur Urgrund und Grundorientierung menschlichen Seins und Handelns. Das Wort Wille steht für ein alles bedingendes Lebensprinzip, das erst ein Werden der Welt in all ihrer Vielfalt ermöglicht. Für Schopenhauer ist nicht mehr Gott oder ein göttliche Geist der Grund für die uns umgebende Welt. Es ist der in allem Seienden und in allem Lebendigen innewohnende Wille zum Dasein oder Leben, der als Urgrund für alles Sein und Werden in und auf dieser Welt verantwortlich zeichnet. „Nun aber bezeichnet das Wort Wille, welches uns, wie ein Zauberwort, das innerste Wesen jedes Dinges in der Natur aufschließen soll, keineswegs eine unbekannte Größe, ein durch Schlüsse erreichtes Etwas; sondern ein durchaus unmittelbar Erkanntes und sosehr Bekanntes, dass wir, was Wille sei, viel besser wissen und verstehen, als sonst irgendetwas, was immer es auch sei. – bisher summierte man den Begriff *Wille* unter dem Begriff *Kraft*: Dagegen mache ich es gerade umgekehrt und will jede Kraft in der Natur als Wille gedacht wissen" (Schopenhauer 1818/1977). Der in uns und durch uns in verinnerlichter Selbstschau zu erfahrende Wille ist bei Schopenhauer also nicht nur Ausdruck eines Wollens der Natur in uns, sondern ganz wesentlich auch Kraft und Kraftquelle.

Wir spüren diesen Willen, von dem Schopenhauer spricht, als eine in uns wirkende Kraft: einerseits als eine Art des Getriebenseins bzw. Getrieben-werdens und andererseits aber auch als „Lebenskraft". Beide Formen der Kraft können mehr oder weniger stark ausgeprägt sein. Wir sprechen von starkem Getrieben-sein, von starker Unruhe – oder anders eben: von nur gering ausgeprägter Unruhe bis hin zu (nahezu) fehlender Getriebenheit, wie z.B. in Zuständen der inneren Ruhe, wie wir sie im Rahmen von Meditationen erleben können. Ebenso kennen wir auf der einen Seite eine starke Lebenskraft, die in gewissen Lebenssituationen geradezu überschäumend sein kann, und auf der anderen Seite eine schwindende Lebenskraft bis hin zur enden wollenden Lebenskraft.

Was ist aber die Kraft, die wir als Lebenskraft bezeichnen? Wie entäußert sie sich, worin zeigt sie sich? Kraft wird in der Regel mit Vermögen übersetzt (vgl. Duden 2013), dennoch ist Christoph Menke (2013) zuzustimmen, wenn er betont, dass Kraft und Vermögen nicht gleichzusetzen sind. Kraft ist vielmehr der ästhetische Gegenbegriff zu dem („poietischen") Vermögen. „Kraft und Vermögen sind zwei entgegengesetzte Verständnisse des *Prinzips* und seiner *Verwirklichung* ... Während Vermögen am Gelingen ausgerichtet sind, sind Kräfte ohne Ziel und Maß. Das Wirken der Kräfte ist *Spiel* und darin die Hervorbringung von etwas, über das sie immer schon hinaus sind ..." Kräfte wirken quasi von selbst, sie brauchen nicht unser selbstbestimmtes Wollen, um wirksam zu werden; wir Menschen haben schon Kraft, bevor wir uns noch dessen bewusst sind. Im Gegensatz zu den Vermögen, die als vorgegebene Formen auf Verwirklichung durch uns selbst „warten", ist das Spiel der Kräfte zwar formierend, selbst aber formlos. „Im Spiel der *Kräfte* sind wir ... aktiv, ohne Selbstbewusstsein; erfinderisch, ohne Zweck ..." (Menke 2013).

Das Wort „Kraft" stand im Alt- bzw. Mittelhochdeutschen noch für Muskelanspannung und befand sich damit in enger Bedeutungsnähe zu dem, was wir heute unter Stärke und Energie verstehen und Bewegung bzw. Veränderung möglich macht. In der Rechtssprache bedeutet Kraft im Althochdeutschen so viel wie „Wirksamkeit". Diese Bedeutungsgebung findet sich auch heute noch in bestimmten Redewendungen wie „etwas in Kraft setzen" oder dass „etwas in Kraft tritt". Kraft ist also etwas, das etwas bewirken kann, bereitgestellte Energie, um etwas, das im Bereich des Möglichen liegt, auch in die Tat umsetzen zu können, um das Mögliche wirklich werden zu lassen. Schon Aristoteles (384-322) unterschied zwischen „energeia" und „dynamis", also zwischen jener prinzipiellen Wirkkraft, Wirksamkeit bzw. Tatkraft (griech. „energeia"), die es braucht, um eine Möglichkeit, eine Potenz (griech. „dynamis" – lat. potentia) in die Wirklichkeit umzusetzen. Energeia ist demnach für ihn die eine Möglichkeit verwirklichende Wirk- und Tatkraft (Aristoteles 1996; Stallmach 1959).

Johann Gottlieb von Herder (1744-1803) entwickelt als Gegenprojekt zur Baumgarten'schen Erkennensästhetik eine Ästhetik der Kraft. „Sie fasst das Ästhetische nicht als sinnliches Erkennen und Darstellen von etwas (wie dies noch in der Ästhetik von Baumgarten der Fall ist), sondern als Spiel des Ausdrucks – angetrieben von einer Kraft, die nicht wie ein Vermögen in Praktiken ausgeübt wird, sondern die *sich* verwirklicht; die nichts wiedererkennt und nichts repräsentiert, weil sie ‚dunkel', unbewusst ist ..." (Menke 2008). Kraft wird damit auch zu einem zentralen Begriff der ästhetischen Anthropologie. Sie ist als Lebenstriebfeder gedacht, als Urgrund all unseres Tuns und Handelns, und damit auch gleichzusetzen mit einem Willen (wie dem bei Schopenhauer), der alles schafft. Die Urkraft, dieser Urwille ist es, der nötig ist, dass die den Dingen, Situationen, Lebewesen etc. innewohnenden Möglichkeiten und Potenzen auch in die Tat und damit in die Wirklichkeit gesetzt werden können. Diese alles bewegende Kraft, dieser alles bewegende Wille muss demnach Zielpunkt des ästhetischen Forschens sein – und das nicht nur für Herder, wenn er ruft: „ ... im verborgensten Grund der Seele (liegen) die mächtigsten Triebfedern, von denen die bekannteren getrieben werden: ... hier grabe also der Ästhetiker" (Herder 1764-1772/1985).

Die hier angesprochene Kraft ist nicht nur integraler Bestandteil des Menschen, sondern offenbar allgemein lebens- und lebensweltkonstitutives Moment. Diese Kraft wirkt nicht nur im Menschen, sondern auch in den Tieren und den Pflanzen (und möglicherweise sogar in der sogenannten anorganischen Welt?!). Herder führt dazu an: „ ... treten (wir) in die ersten Zeiten zurück, da der Mensch ein Phänomen unserer Welt wurde, da er sich aus einem Zustande, wo er nur denkende und empfindende Pflanzen gewesen war, auf eine Welt wand, wo er ein Tier zu werden beginnet. Noch scheint ihm keine Empfindung beizuwohnen, als die dunkle Idee seines Ich, so dunkel als sie nur eine Pflanze fühlen kann; in ihr indessen liegen die Begriffe des ganzen Weltall; aus ihr entwickeln sich alle Ideen des Menschen; alle Empfindungen keimen aus diesem Pflanzengefühl, so wie auch in der sichtbaren Natur der Keim den Baum in sich trägt, und jedes Blatt ein Bild des Ganzen ist" (Herder 1764-1772/1985). In dieser Welt ist es trotzdem allein der Mensch, der fähig ist, seine tiefsten Empfindungen reflektierend sich der Urkraft seines Seins und Werdens bewusst zu werden.

Als zur Reflexion befähigtes „aestheticam connotam", „als sinnliches Tier Geborener" (Herder 1764-1772/1985) liegt es an uns, dieser Kraft als einem uns zu eigen seienden Naturphänomen nachzuspüren und nachzudenken – was zentrale Aufgabe der nachfolgenden Diskurse zum Willen des Schönen als Naturkraft sein wird. Als „dunkle", von uns zwar spürbare, aber letztlich immer im

Verborgen bleibende Urkraft wirkt der Ur-Wille auch in unserem mehr oder weniger starken Sehnen oder Begehren, in unseren mehr oder minder stark ausgeprägten Wünschen oder Absichten. Unsere Wünsche und Begehren, die wir so gerne mit „ich will ..." zu fixieren suchen, sind nicht nur Endprodukte von selbstgewählten bzw. selbstbestimmten Zukunftshoffnungen, sondern vor allem Kraftquellen. „Desire animates the world", stellt W. B. Irvine (2006) in seinem Werk *On Desire* völlig zu Recht fest. Wünsche und Begehren geben uns Lebenskraft. Welche dramatischen Auswirkung ein Fehlen von Wünschen und Begehren nach sich zieht, wird uns von W. B. Irvine in seinen Analysen zur Wirksamkeit von Wünschen eindrucksvoll vor Augen geführt, wenn er darauf verweist, dass im Falle einer Verbannung des Wunsches bzw. des Wünschens aus unserer Welt nichts anderes mehr übrig bliebe als eingefrorene und erstarrte Wesen, die keinen Grund mehr zu leben hätten (Irvine 2006). In der Tat kennen wir solche Zustandsformen aus der klinisch-psychiatrischen Praxis: In Phasen schwerer Depression verlieren die Betroffenen in ihrer Antriebslosigkeit die Fähigkeit des Wünschens und Begehrens, womit auch zusehends der Willen zum (Über-)Leben mitverloren geht. Die Lebenskraft, die Kraftquelle des Lebens, der Wille zum Leben, der (Über-)Lebenswille, das Leben-Wollen, das Etwas-im-Leben-Wollen und das Etwas-vom-Leben-haben-Wollen stehen damit in einem untrennbaren energetischen Verbund.

Der Wille zur Macht (Nietzsche)

Nach Schopenhauer setzt sich dann vor allem Friedrich Nietzsche (1844-1900) in seinen Analysen zum Willen zur Macht mit den komplexen Zusammenhängen von Willen und Gewolltem auseinander. Nietzsche selbst hat allerdings nie ein Werk mit dem Titel „Wille zur Macht" publiziert. Das bis heute unter diesem Titel im Umlauf befindliche Buch (siehe: Nietzsche 1996) ist ein in vielerlei Hinsicht hochproblematisches Kompendium einzelner von Nietzsche skizzierter Texte, die von Heinrich Köselitz unter dem Pseudonym Peter Gast, und vor allem von der dem Nationalsozialismus und Antisemitismus keineswegs abholden Schwester Nietzsches, Elisabeth Förster-Nietzsche, ausgewählt und zusammengestellt wurden. Beide haben bekanntermaßen versucht, „den *Willen zur Macht* so vorzustellen, als ob das Werk auch künstlerisch von

Nietzsche geschaffen worden sei"; das heißt, es wurde manipuliert, verstümmelt, zerstückelt und auch verbotener Weise erweitert. Man „systematisierte" das Nietzsche'sche Ausgangsmaterial, „in dem Dünkel, fähig, berufen und ermächtigt zu sein, an die Stelle des (Denkers und) Künstlers Nietzsche zu treten. Was dabei herauskam, war Lüge, und zwar nicht in dem von Nietzsche verstandenen Sinn, sondern verlogen, wie es nur das Resultat einer aus Nützlichkeitsdenken geborenen Fälschung sein kann" (Colli 1988).

Nietzsche selbst war zum Zeitpunkt der Erstellung und Herausgabe dieses Machwerks bereits sechs Jahre tot und auch die zehn Jahre vor seinem Tod aufgrund seiner schweren Krankheit nicht in der Lage gewesen, in die als *Wille zur Macht* publizierte Zusammenstellung seiner Gedanken redaktionell einzugreifen. Einige dieser Gedanken hätte auch er wahrscheinlich zur Veröffentlichung freigegeben, andere hätte er möglicherweise als noch nicht genug ausgereift erachtet (Mautner 2005). In jedem Fall hätte er manche Zusammenstellungen tunlichst vermieden; und hier vor allem all jene, die nur einen leisen Verdacht auf deutschnationales oder gar rassenfeindliches Gedankengut – beide Positionen lehnte Nietzsche ja, wie viele seiner Äußerungen belegen, zutiefst ab – aufkommen hätten lassen.

Die Auswahl und Ordnung der Texte im Köselitz'schen und Förster'schen Machwerk erfolgte also ganz ohne sein Mitwirken, womit einer Fülle von Fehlinterpretationen und falschen Schlussfolgerungen hinsichtlich des von ihm konzipierten Willens zur Macht Tür und Tor geöffnet wurden. Wenn im Folgenden auf den Willen zur Macht bei Nietzsche Bezug genommen wird, dann ist dieser nicht dem von Köselitz und Förster verlegten Buch entnommene. Die in dieser Publikation angeführten Nietzsche-Zitate entstammen sämtlich der von Montinari und Colli aus dem Nachlass Nietzsches herausgegebenen Kritischen Studienausgabe Es ist auch nicht Intention der folgenden Ausführungen, ein umfassendes Bild der Anschauungen von Nietzsche zum von ihm postulierten Willen zur Macht abzuliefern. Die aus seinem Nachlass ausgewählten Zitate bzw. Textpassagen sollen vielmehr dazu dienen, die in den später folgenden Diskursen zum Willen zum Schönen ausgearbeitete eigene Position im Vergleich mit Nietzsches Willenswelt schärfer zu konturieren.

Was versteht nun Nietzsche konkret unter Willen zur Macht? Was zeichnet sein Verständnis vom Willen im Vergleich mit jenem von Schopenhauer aus? Diese Fragen sind in jedem Fall schwer zu beantworten, da wir über keine in sich geschlossene, umfassende und kohärente Abhandlung von Nietzsche zu dieser Thematik verfügen und seine aphoristischen Angaben noch dazu vielgestaltig, uneinheitlich und manchmal sogar widersprüchlich sind. Nietzsche spricht vom Willen der Macht als einer der Wirklichkeit und dem Leben innewohnenden Kraft, als dem entscheidenden Antrieb der gesamten Entwicklung und Bewegung der Natur (Ulfig 1999). Ohne Zweifel hat der Wille bei ihm etwas mit Wollen zu tun. Dieses Wollen erscheint ihm aber als ein kompliziertes und vieldeutiges Wort. „Wollen scheint mir vor Allem etwas *Kompliziertes*, Etwas, das nur als Wort einer Einheit ist, – und eben im Einen Worte steckt das Volks-Vorurteil, das über die allzeit nur geringe Vorsicht der Philosophen Herr geworden ist“, hält Nietzsche dazu in *Jenseits von Gut und Böse* fest (Nietzsche 1885/1988).

Um sich nicht in der Vielfältigkeit und Vieldeutigkeit des Willensbegriffes zu verlieren, orientiert er sich in seiner Willensauffassung zwar primär an dem Willensbegriff Schopenhauers, jedoch mit dem wesentlichen Unterschied, dass er die Schopenhauer'sche Überzeugung, „es gebe so etwas wie reines Wollen, das umso reiner ein Wollen sei, je völliger das Gewollte unbestimmt gelassen und je entschiedener der Wollende ausgeschaltet sei“, als einen Grundirrtum ansieht (Heidegger 1961/1989). Nietzsche lehnt wie Schopenhauer einen Glauben an die Erkenntniskraft der Vernunft und des Verstandes ab, und damit auch das Vorurteil, dass man durch logisches und rationales Denken der Wahrheit auf die Spur kommen könne. So wie Schopenhauer sucht er den Grund der Welt nicht mehr in Gott oder einem allmächtigen Geist, sondern für ihn ist der Grund der Welt der in allem Seienden und allen Lebendigen innewohnende Wille.

Bei Schopenhauer ist es der „Wille zum Dasein“ (oder: „Wille zum Leben“), der nicht durch den Intellekt erkennbar ist, sondern nur mittels unseres Leibes als Triebenergie erfühlt werden kann; bei Nietzsche heißt dieser alles bedingende Wille, der nur mit dem Leib gefühlt und erfühlt werden kann, „Wille zur Macht“. „Nur wo Leben ist, da ist auch Wille: aber nicht Wille zum Leben, sondern – so lehr ich's dich – Wille zur Macht!“, lässt er seinen Zarathustra rufen (Nietzsche 1886/1988). Dieser Wille zur Macht ist für ihn nicht ein Wille unter mehreren anderen. Er ist der Ur-wille der Welt, der alles bewegt und somit auch Ursprung anderer nachgeschalteter Willenszustände ist. „Wille zur Macht“ wird damit bei ihm zur Formel für ein geradezu „metaphysisches Trieb-Substrat“ (Gebhart 1996). Dieses metaphysische Triebsubstrat, dieser Urwille beinhaltet bzw. ist darüber hinaus auch Quelle aller anderen Triebe, wie zum Beispiel jener der Ernährung, der Zeugung, der Anpassung, der Vererbung, der Arbeitsteilung, der Wahrheit, der Gerechtigkeit, der Schönheit, des Helfens etc. (Montinari 1984). All diese Willensformen sind dem eigentlichen Grundwillen, dem Urwillen, dem alles bewegenden und formenden Willen, dem Willen zur Macht unterworfen, sie alle entwickeln sich erst aus diesem und sind damit selbst immer auch Ausdruck des Strebens zur Macht. Alles wird vom Willen zur Macht bestimmt. Er ist die grundlegende Kraft, die der gesamten Wirklichkeit und dem Leben innewohnt, der entscheidende Antrieb aller Bewegung, Entwicklung und Veränderung. Alle sozialen Bereiche des menschlichen Lebens wie Moral, Religion, Kunst, Kultur und Wissenschaft werden vom Willen zur Macht bestimmt. Nietzsche propagiert damit den Willen zum Leben als einen Willen zur Lebenssteigerung (Ulfig 1999). Er ist das aktive Prinzip, das unser Universum ordnet.

War für Spinoza und Schopenhauer das Leben noch zentraler Angelpunkt eines Universalprinzips, so geht es bei Nietzsche nicht mehr um ein (eher statisch gedachtes) Sein und demnach auch nicht mehr um die Erhaltung dieses Seins, sondern um ein (dynamisch gedachtes) Werden und um dessen Aufrechterhaltung. Nietzsche lehnt das Konstrukt „Überlebensinstinkt“ eines Spinoza bzw. Schopenhauer als Resultat einer letztendlich statischen Weltsicht ab. Die Welt, in der wir leben, ist ihrem Wesen nach keine statische. Alles ist im Fluss. Alles ist Werden und alles Werden ist Ausdruck eines Willens zur Macht, dieses Alles-Bewegers unserer Welt. Der von ihm ausgehende Impuls zur Aktivität, die damit bereitgestellte „menschliche Energie“ ist *die* wesentliche motivierende Kraft für alles, was wir denken und tun. Dieser Urkraft steht unsere menschliche Möglichkeit zur Aktivitätskontrolle bzw. Bewegungsmodulation gegenüber. Im Wechselspiel dieser beiden entsteht dann das, was wir als „Vermögen zur Kreativität“ (Rohman 2000) bezeichnen.

Alles, was im allgemeinen geschieht, und somit auch alles, was uns als Menschen geschieht, kann als Kraftspiel verschiedener Triebe angesehen werden, wobei diese, wie es Nietzsche scharfsinnig aufzeigt, nicht jeweils für sich eine unabhängige Kraftquelle darstellen, sondern alle einer einzigen Ur-kraft entspringen. Diese Urkraft, aus der alles entsteht, nennt er den Willen zur Macht. Es ist ein Wille zur Veränderung, zur Transformation und Weiterentwicklung zum Besseren, zum Wirkmächtigeren, eben zur Ausweitung der Macht (Honderich 2003), den er ins Zentrum des Weltseins stellt, das er immer nur als Weltwerden denkt. Das gesamte Dasein wird von diesem Willen zur Macht konstituiert; der Wille zur Macht ist damit die Grundantriebskraft alles Seienden und Werdenden. Das Prinzip dieses Willens wird für Nietzsche sowohl in der unbelebten wie auch in der belebten Natur und insbesondere beim Menschen in seinen Instinkten und Trieben wirksam.

Im Gegensatz zu den modernen Theorien, die oberflächliche Fragen nach der Motivation zu einer Handlung in den Vordergrund stellen, sucht Nietzsche die menschliche Natur in ihrer ganzen Tiefe zu ergründen. Er sieht die Triebe, die tief im Innern des Menschen unbewusst wirken, als die alles bestimmenden Kräfte (Haberkamp 2000). Damit legt Nietzsche auch den Grundstein für die später von Psychoanalytikern errichteten Theoriengebäude, die letztendlich alle ihr Fundament in der Triebtheorie Freuds haben, die ihrerseits, das Triebgeschehen im Unbewussten verortend, ganz wesentlich von Nietzsche beeinflusst ist, auch wenn Freud Nietzsche in diesem Zusammenhang nie zitiert. Im Unterschied zu Freud, der Eros und Libido als zentrale Wirkströme sieht, sind für Nietzsche diese Triebe wie alle anderen nur besondere Ausformungen bzw. Zielorientierungen eines einzigen Triebs, eines einzigen „Willens", nämlich jenes des Willens zur Macht.

Die menschliche Natur und Existenz wird von Nietzsche also im Wesentlichen als eine aus dem Willen zur Macht entspringende angesehen, die dadurch Kraft und Möglichkeit hat, sich zu entfalten und weiterzuentwickeln (Audi 2001). Es ist ein dynamischer, die Kreativität des Menschen bedingender Wille, den Nietzsche hier vorstellt, der darüber hinaus noch eng assoziiert ist mit dem, was wir als Selbstständigkeit, Selbstverständnis und Selbstvertrauen des Menschen bezeichnen. Je stärker der Wille zur Macht, desto größer die Selbstständigkeit und desto unerschütterlicher das Selbstvertrauen, so Nietzsche. Wird der Wille zur Macht allerdings frustriert, reagiert der Mensch mit der Entwicklung tröstlicher Mythen im Rahmen von „ungesunden ethischen Systemen", in denen Tugenden wie Barmherzigkeit und Demut zur Sublimierung von

Neid und Missgunst als höchste Werte propagiert werden (Blackburn 1996).

Nietzsche schlägt vor, unser „ganzes instinktives Leben", „alle organischen Funktionen" und „alle effektive Kraft" als Willen zur Macht aufzufassen; dies würde uns die Möglichkeit geben, das Leben von innen aus zu betrachten. Das heißt, alles, was existiert, ist Wille und dieser ist weder Substanz noch Essenz, er ist *bloßer* Wille, ein Wille ohne ein anderes Ziel als das der Machtsteigerung (Bullock & Trombley 1999). Dieser Ur-wille Nietzsches strebt also nicht, wie noch jener Schopenhauers, nach dem Leben, denn er *ist* das Leben. Er strebt auch weder nach dem leiblichen Sein noch nach Erhaltung dieses leiblichen Seins, denn: Er *ist l*eibliches Sein, er ist selbst die Kraft des Leibes. In seinen nachgelassenen Fragmenten lesen wir dazu: „Die Physiologen sollten sich besinnen, den Erhaltungstrieb als kardinalen Trieb eines organischen Wesens anzusetzen: vor allem will etwas Lebendiges seine Kraft *auslassen:* die ‚Erhaltung' ist nur eine der Konsequencen davon. – Vorsicht vor *überflüssigen* Principien! Und dahin gehört der ganze Begriff ‚Erhaltungstrieb'" (Nietzsche 1988a). In einem früheren Fragment bezieht er noch deutlicher Position, wenn er ausruft: „Nicht mehr Wille der Erhaltung, sondern der Macht" (Nietzsche 1988b).

Dieser Wille zur Macht, der eben kein Wille der Erhaltung ist, wird nur dann für uns erkennbar, wenn er auf einen Widerstand stößt. Dann, wenn es etwas zu überwinden gilt, werden wir uns ganz unmittelbar des Willens zur Macht bewusst, dann spüren wir sein Wirken und seine Wirkkraft ganz elementar. Für Nietzsche gilt das nicht nur für den Menschen, sondern für ihn ist dies ein universelles Lebensprinzip, das vom einfachsten Lebewesen bis hin zu den komplexesten Gültigkeit hat. Er verdeutlicht diese Sichtweise mit seinem Protoplasma-Beispiel: „Nehmen wir den einfachsten Fall, den der primitiven Ernährung: das Protoplasma steckt seine Pseudopodien aus, um nach etwas zu suchen, was ihm widersteht – nicht aus Hunger, sondern aus Willen zur Macht. Darauf macht es den Versuch, dasselbe zu überwinden, sich anzueignen, sich einzuverleiben: – das, was man ‚Ernährung' nennt, ist bloß eine Folge-Erscheinung, eine Nutzanwendung jenes ursprünglichen Willens, *stärker* zu werden. Es ist nicht möglich, den *Hunger* als primum mobile zu nehmen: ebenso wenig als die Selbsterhaltung: der Hunger als Folge der Unterernährung aufgefasst, heißt: der Hunger als Folge eines *nicht mehr Herr werdenden* Willens zur Macht. Die

Zweiheit als Folge einer zu schwachen Einheit" (Nietzsche 1988c). Zuerst steht für Nietzsche demnach immer die Befriedigung des Willens zur Macht, alle anderen Getriebenheiten sind diesem unterworfen und nachgeordnet.

Auch das Streben nach dem Schönen und dem Genussvollen ist für Nietzsche dem Willen zur Macht untergeordnet. Entsprechend vehement wendet er sich gegen die Thesen des dem Sensualismus der Aufklärung zuzuordnenden Philosophen Claude Adrien Helvétius (Claude Adrien Schweitzer 1715-1771). Dieser meint Nietzsche zufolge, „dass man nach Macht strebe um die Genüsse zu haben, welche den Mächtigen zu Gebote stehen ...", was Nietzsche kritisiert: „... er versteht dieses Streben nach Macht als Willen zum Genuß, als Hedonismus ...." (Nietzsche 1988c). Denn für Nietzsche sucht der Mensch primär nicht nach Lust; für ihn sind Lust und Unlust bloße Folge bzw. nur Begleiterscheinung von dem, was er als Willen zur Macht kennzeichnet, wenn er in seinen Niederschriften festhält: „... was der Mensch will, was jeder kleinste Teil eines lebenden Organismus will, das ist ein Plus von Macht. Im Streben danach folgt sowohl Lust als Unlust; aus jenem Willen heraus sucht er nach Widerstand, brauchte etwas, das sich entgegenstellt. Die Unlust als Hemmung seines Willens zur Macht, ist also ein normales Faktum, das normale Ingredienz jedes organischen Geschehens, der Mensch weicht ihr nicht aus, ja hat sie vielmehr fortwährend nötig: jeder Sieg, jedes Lustgefühl, jedes Geschehen setzt einen überwundenen Widerstand voraus" (Nietzsche 1988c).

Der Mensch strebt Nietzsche zufolge auch nicht primär nach Glück, sondern für ihn ist es wiederum die Macht, die Hauptfokus allen Strebens und Handelns ist. Nicht der Mensch selbst als selbstbestimmtes wollendes Individuum strebt nach Macht, „sondern es sind die in ihrem ewigen Wandel nicht fassbaren Machtsphären" im dunklen Inneren der Menschen, die dieses Machtstreben und die daraus entstehenden Befriedigungen, Konflikte und Frustrationen bewirken. „Die Widerstände gegen den Willen verursachen Schmerz, aber dieser Schmerz, das unbefriedigt sein der Triebe, unterdrückt den Willen zur Macht nicht, sondern stärkt ihn" (Nietzsche 1988d). Nietzsche behauptet, dass nicht die Befriedigung des Willens und ein daraus gezogener Lustgewinn oberstes Ziel des Willens zur Macht seien, „sondern dass der Wille vorwärts will und immer wieder Herr über das wird, was ihm im Wege steht: das Lustgefühl liegt gerade in der Unbefriedigung des Willens, darin, dass er ohne die Grenzen und Widerstände noch nicht satt genug ist ..." (Nietzsche 1988c). Der permanente Schaffensprozess und der damit untrennbar verbundene Zerstörungsprozess sind die oberste Zielsetzung des Willens zur Macht. Immer strebt er nach einem Mehr, nach Verwandlung, Transformation – letztendlich immer nach einem mehr an Macht. „Diese meine dionysische Welt des Ewig-sich-selber-Schaffens, des Ewig-sich-selber-Zerstörens ... dies mein Jenseits von Gut und Böse, ohne Ziel, wenn nicht im Glück des Kreises ein Ziel liegt ... Wollt ihr einen Namen für diese Welt? ... Ein Licht für euch, ihr Verborgensten, Stärksten, Unerschrockensten, Mitternächtlichsten? ... Diese Welt ist der Wille zur Macht – und nichts außerdem! Und auch ihr seid dieser Wille zur Macht – und nichts außerdem!" (Nietzsche 1988c).

Wille zur Macht ist für Nietzsche demnach einerseits oberste und zugleich tiefste Lebensgrundlage des Menschen, andererseits oberstes und zugleich tiefstes Weltprinzip, also der Weltsinn schlechthin. Er verkörpert die lebensbestimmende Kraft, die der Mensch als ein Gedrängt- und Getrieben-sein erlebt. Dieser Wille ist, wie oben bereits hervorgehoben, nicht auf das Erhalten des Lebens, sondern auf das Werden des Lebens im Sinne immer größerer Machterlangung ausgerichtet. Die Zielrichtung ist immer ein über sich selbst Hinauswachsen, das Nietzsche als Machterlangen bezeichnet – es ist ein Erlangen von Macht über sich selbst. „Nicht (die) ‚Menschheit' sondern der ‚Übermensch' ist das Ziel!" (Nietzsche 1988b). Es geht also um den Übergang vom Menschen zum Übermenschen. „Seht, ich lehre euch den Übermenschen! Der Übermensch ist der Sinn der Erde. Euer Wille sage: der Übermensch sei der Sinn" (Nietzsche 1886/1988). Dieser „Übermensch" hat bei Nietzsche nicht das Geringste mit dem deutschen Herrenmenschen gemein, wie ihm dies später, nicht zuletzt aufgrund der Textverbiegungen in dem von seiner Schwester verantworteten Machwerk *Der Wille zur Macht*, völlig zu Unrecht immer wieder vorgehalten wurde. Vielmehr soll (und kann) der „Übermensch" mit der Kraft des Willens zur Macht von uns Menschen im Rahmen von Weiterentwicklung und Entfaltung unserer Möglichkeiten gelebt werden. Auf dem Entwicklungskontinuum Tier – Mensch – Übermensch ist er immer wieder neu gestecktes Endziel. „Der Mensch ist ein Seil geknüpft zwischen Tier und Übermensch, – ein Seil über einem Abgrunde. Ein gefährliches Hinüber, ein gefährliches Auf-dem-Wege, ein gefährliches Zurückblicken, ein gefährliches Schaudern und Stehenbleiben. Was groß ist am Menschen, das ist, dass er eine Brücke und kein Zweck ist: was geliebt werden kann am Menschen, das ist, dass er ein Übergang und ein Untergang ist." (Nietzsche 1886/1988).

Was bei Schopenhauer der Wille zum Leben, ist bei Nietzsche der Wille zur Macht. Er ist für ihn das unser Leben bestimmende Moment. Nietzsche lehnt einen Körper-Geist- bzw. Körper-Seele-Dualismus kategorisch ab und setzt an dessen Stelle ein integratives Leiblichkeitskonzept. Im *Zarathustra* führt er dazu aus: „Leib bin ich und Seele – so redet das Kind; aber der Erwachte, der Wissende sagt: Leib bin ich ganz und gar – und nichts außer dem. Und Seele ist nur etwas am Leibe. Werkzeug deines Leibes ist deine Vernunft, mein Bruder, die du Geist nennst; ein kleines Werk- und Spielzeug. Der schaffende Leib schuf sich den Geist als eine Hand seines Willens." (Nietzsche 1886/1988). Dieser schaffende Leib ist der Inbegriff des Willens zur Macht. Leib ist Wille, Wille entwickelt sich im Leib. Wille zur Macht ist keine besondere Eigenschaft, kein besonderer Charakterzug, keine Leistung oder Errungenschaft des Menschen. Er ist Ausdruck und Ausrichtung unserer leiblichen Existenz. Wir sind der Wille zur Macht. Ein Leben im Willen zur Macht führt uns in ein schöpferisches Leben und ein schöpferisches Leben ist für Nietzsche gleichzusetzen mit einem gelungenen Leben.

„Zum Schluss finden wir uns einem Willen zur Macht gegenüber, der Wertung und Sein zugleich ist: fast eine mystische Zusammenfassung, bei der die metaphysische Substanz, das ‚Sein', sich gleichzeitig als Urteil und Wille darstellt, das heißt als rational und als irrational. Die Fäden entwickeln sich unentwirrbar ..." (G. Colli in Nietzsche 1988d). Je mehr wir in die Willenswelt Nietzsches eintauchen, desto universeller wird dieser Wille zur Macht. Gleichzeitig wird er immer schwerer greifbar und fassbar. Alles und jedes ist Wille zur Macht, in uns und außerhalb von uns – und doch braucht dieser ubiquitäre Wille zur Macht immer etwas ihm Gegenüberstehendes, wie z.B. uns Menschen als Lebewesen oder „Dinge" der Natur, ohne die wir ihn nicht erfahren, fühlen bzw. erahnen könnten. Er wird damit zu einem mystischen Etwas, in dem die Grenzen zwischen Schein und Realität zu verschwimmen beginnen. „Ich setze also nicht ‚Schein' in Gegensatz zu ‚Realität', sondern nehme umgekehrt Schein als die Realität, welche sich der Verwandlung in eine imaginative ‚Wahrheits-Welt' widersetzt.

Ein bestimmter Name für diese Realität wäre ‚der Wille zur Macht', nämlich von innen her bezeichnet und nicht von seiner unfassbaren flüssigen Proteus-Natur aus" (Nietzsche 1988b). Nietzsches Wille zur Macht, hier auch als Erkenntnisweg gedacht, führt uns zwar in die innersten dunklen Tiefen unseres Seins und Werdens, dennoch wird er für uns in all seinen Konturen und Ausrichtungen immer im Verborgenen bleiben – dessen ungeachtet hat dieses hier nur höchst bruchstückhaft skizzierte Theoriengeflecht Nietzsches zum Willen der Macht bis heute seine ungeheure Wirk- und Strahlkraft bewahrt.

So griff zum Beispiel der Arzt und Individualpsychologe Alfred Adler (1870 - 1937) das Konzept Nietzsches zum Willen zur Macht auf, um damit mehr Licht ins Dunkel psychischer Störungen zu bringen. Für Adler ist der Wille zur Macht nicht eine kreative Kraft, sondern vor allem neurotischer Impuls, der viele psychische Probleme nach sich zieht (Blankertz & Doubrawa 2005). Die psycho-pathologische Symptomatik resultiert dabei aus Minderwertigkeitsgefühlen, die in der Kindheit ihren Ursprung haben. Der Wille zur Macht ist Zeichen einer Überkompensation dieser Gefühle. Es handelt sich dabei um ein übertriebenes Selbstwertgefühl mit dem Wunsch, andere zu dominieren und zu manipulieren. Dieses unrealistische Selbstwertgefühl diktiert die individuellen Entscheidungen des Betroffenen. Da sie mit der Realität nicht im Einklang stehen führt das zu Angst, die ihrerseits wieder Ausgangspunkt von Überkompensation ist, womit der Teufelskreis geschlossen ist (Rohmann 2000). Alfred Adler unterscheidet sich damit hinsichtlich des Menschenbildes deutlich von Sigmund Freud (1856-1939). Bei Freud dominiert, verkürzt ausgedrückt, nicht der „Wille zur Macht" sondern der „Wille zur Lust". Aus psychoanalytischer Sicht ist der Mensch ein von Trieben bestimmtes Wesen, das primär nach Lustgewinn strebt. Es wird das gesamte Dasein darauf ausgerichtet, möglichst viel Lustgewinn zu erzielen. In der Individual-psychologie sind hingegen Überlegenheit, Sicherheit und Macht die zentralen Angelpunkte menschlichen Strebens: Alle menschlichen Daseinsbekundungen sind darauf ausgerichtet, die Macht zu erlangen bzw. zu erhalten, weil man sich durch Machtergreifung und -erhaltung letztendlich Lebensglück verspricht (Lévy & Mackenthun 2002).

Viktor Frankl (1905-1997), der die „Existenzanalyse" bzw. „Logotherapie" und damit die dritte Wiener Psychotherapieschule (neben Sigmund Freuds „Psychoanalyse“ und Alfred Adlers „Individualpsychologie“ bzw. „Tiefenpsychologie“) begründet, ersetzt den Willen zur Lust und jenen zur Macht durch den *„Willen zum Sinn“*. Es selbst drückt das zwar nie so in dieser Terminologie aus. In seinem Manuskript *Hunger nach Brot – Hunger nach Sinn* wird aber deutlich, dass die von ihm propagierte Sinnsuche des Menschen kein Suchen im eigentlichen Sinn ist, also keine auf einer frei gewählten Entscheidung basierende Suche, sondern vielmehr ein Hungern nach Sinn ist. Ebenso wie der Hunger zum Essen treibt der Sinnhunger zur Sinnsuche (Frankl 1985/1987). Da die Sinnsuche des Menschen also einer Getriebenheit entspringt, kann sie auch in gewisser Weise dem Willen zur Lust und dem Willen zur Macht gleichgesetzt werden, zumindest der Herkunft und der Kraft nach. Allerdings sieht Viktor Frankl die Triebhaftigkeit, das innere Getrieben-sein des Menschen nicht so sehr im Vordergrund der Existenz des Menschen stehen wie Freud und Adler. Er fasst den Menschen vielmehr als eine Einheit von Soma, Psyche und „Geist“ auf. Der Geist, den er als Teilhabe des Einzelnen an Kultur, Sprache, ethischen Werten, Idealen, differenzierten Gefühlen, wie z.B. der Liebe, sowie am Humanen schlechthin betrachtet, macht den Menschen zu einem unverwechselbaren Individuum. Dieser existenzgründende und -bestimmende Geist ist aber nicht vorgegeben, sondern hängt in Ausmaß und Ausprägung wesentlich von den Anstrengungen zur Gestaltung des Einzelnen, also letztendlich von dessen selbstbestimmtem Wollen ab (Danzer 2002). Der Mensch wird von Frankl somit – durchaus im Unterschied zu Freud und (mit Einschränkungen) auch zu Alfred Adler – viel weniger als ein von einem Grundwillen Getriebener, sondern vielmehr als ein selbstbestimmt Handelnder gesehen.

Man würde auch keineswegs dem Menschenbild Alfred Adlers gerecht werden, reduzierte man seine individualpsychologische Lehre darauf, dass er einfach den Nietzsche'schen blinden Willen zur Macht an die Stelle von Freuds Libido gesetzt (Ellenberger 1973) und den Menschen gleichsam als einen von diesem Willen zur Macht durchs Leben Getriebenen angesehen hätte. Im Gegensatz zu Freud, „der die Betonung mehr auf die Ursache legt, betont Adler Ziel und Intentionalität der psychischen Prozesse (was er als ‚Zielstrebigkeit‘ bezeichnet) ... Ein derartiger Intentionalismus setzt notwendig Freiheit der Wahl voraus. Der Mensch ist frei, insofern er ein Ziel wählen oder es für ein anderes austauschen kann, aber sobald dies geschehen ist, ist der Mensch determiniert, insofern er seinem selbstauferlegten Gesetz gehorcht" (Ellenberger 1973). Vor allem in seinen späteren Schriften fokussiert Alfred Adler auf die schöpferischen Fähigkeiten des Menschen und streicht dessen „Gemeinschaftssinn" heraus, wobei er beides als innere Kräfte denkt (Adler 1927, 1933). Menschen verfügen über eine schöpferische Kraft, die sie dazu antreibt, ihr Leben zu gestalten, und gleichzeitig wirkt in ihnen auch die Kraft des Gemeinschaftssinns, die sie dazu treibt, mit anderen leben zu wollen. Wie sie dann das Leben und das Zusammenleben mit anderen gestalten, das obliegt dem Einzelnen zu entscheiden. Der Mensch ist nämlich fähig, sich Ziele zu setzen, die es ihm dann ermöglichen, diese Grundkräfte so in die Tat umzusetzen, wie er es will: „Kein Mensch kann denken, fühlen, wollen, sogar träumen, ohne dass all dies bestimmt, bedingt, eingeschränkt, gerichtet wäre durch ein ihm vorschwebendes Ziel" (Adler 1927). Der Mensch wird also nicht einfach nur von einem bestimmten Willen in eine ihm (noch) unbekannte Richtung getrieben, sondern er selbst kann durch seine Zielsetzungen, die er dann mit entsprechender „Zielstrebigkeit" (...) verfolgt, nicht nur die Richtung, sondern vor allem auch die Ausgestaltungsform mitvorgeben.

Diese Zweiseitigkeit unseres Daseins, zum einen durch Willen Getriebene und zum anderen in Selbstbestimmung Wollende zu sein, veranlasst Martin Heidegger (1889-1976), den Menschen mit „geworfener Entwurf" zu titulieren (Heidegger 1927/2006). Zum Ersten sind wir in unsere äußere und innere Welt Geworfene. Wir sind als Menschen in eine bestimmte Zeit geboren, wir leben an einem bestimmten Ort, in einer bestimmten Gesellschaft, in einem bestimmten Kulturkreis etc. – und wir sind auch aufgrund der leiblichen Möglichkeiten und Unmöglichkeiten unserer inneren Getriebenheiten und vorgeformten Verhaltensmuster in diese unsere Welt Geworfene. Wir sind Geworfene und Getriebene in einer nicht selbst gewählten Welt. Zum Zweiten sind wir gleichzeitig fähig, uns und unsere Welt selbst zu entwerfen. Wir sind nicht nur Vollzieher, sondern auch „Macher" (Scheler 2005) und darüber hinaus „ungemein tatkräftige Wesen" (Musil 1978). Demgemäß sind wir auch dazu fähig, uns und unser Leben so zu gestalten, wie wir es wollen. Wir sind zu einem selbstgewählten Wollen fähig. Allerdings kann sich dieses Wollen immer nur in dem uns vorgegebenen äußeren und inneren Rahmen, in dem wir nun einmal leben, entfalten. Selbst wenn wir dann und wann diesen Rahmen durch einen Neuentwurf sprengen oder anderswie überwinden, finden wir uns gleich wieder in einem neuen Rahmen, der uns wiederum in unserer Geworfenheit beschränkt. Wir sind vom Willen und den aus ihm entspringenden Einzeltrieben Getriebene; gleichzeitig können wir aber zwischen einzelnen Getriebenheiten wählen. Wir können sie unterdrücken, verschütten, nähren, verstärken, verbiegen, verdrängen etc. Wir können unser selbst bestimmtes Wollen in den Dienst eines Urwillens stellen oder wir können uns diesem auch entgegenstellen.

In seinen zweibändigen Ausführungen zu Nietzsches Ideenwelt, die wohl als tiefsinnigste und zugleich kühnste Interpretation von Nietzsches niedergeschriebenen Gedanken gelten dürfen, betont Martin Heidegger (1961/1989) zuvorderst die „Vieldeutigkeit des Willensbegriffes" und die Vielfältigkeit der herrschenden Begriffsbestimmungen, um dann zum Wollen folgendermaßen Stellung zu nehmen: „Wenn wir versuchen, das Wollen bei der Eigentümlichkeit zu fassen, die sich gleichsam zunächst aufdrängt, möchten wir sagen: Wollen ist ein Hin zu…, Auf etwas los …; Wollen ist ein Verhalten, das auf etwas gerichtet ist … In der bloßen Betrachtung der Dinge wollen wir (noch) nichts ‚mit' den Dingen und ‚von' den Dingen … Auf etwas zu-gerichtet sein, ist noch nicht ein Wollen, und doch liegt im Wollen ein solches Hinzu … Habenmögen ist kein bloßes Vorstellen, sondern eine Art Streben darnach mit dem besonderen Charakter des Wünschens. Wünschen aber ist immer noch nicht Wollen. Wer am reinsten wünscht, der will gerade nicht, sondern hofft, dass das Erwünschte ohne sein Zutun geschehe … Wollen ist überhaupt nicht Wünschen, sondern Wollen ist: sich unter den eigenen Befehl stellen, die Entschlossenheit des Sichbefehlens, die in sich schon Ausführung ist …" (Heidegger 1961/1989).

Das ist aber nicht das metaphysische Wollen bzw. der Wille, von dem Nietzsche spricht. Nietzsche hält nur wenig vom selbstbestimmten Wollen; in der deterministischen Periode seines Schaffens lehnt er einen solchen selbstbestimmten Willen überhaupt kategorisch ab. „Ich lache eures freien Willens und auch eures unfreien: Wahn ist mir das, was ihr Willen heißt, es gibt keinen Willen." (Nietzsche 1886/1988). Von diesem Wollen, von diesem Willen sagt er, „dass (wir) heute wissen ..., dass er ‚der Wille' bloß ein Wort ist" (Nietzsche 1888/1988). Wenn Nietzsche vom Willen spricht, dann meint er „nicht *den* Willen, den man bisher als Seelenvermögen und allgemeines Streben kennt und nennt" (Heidegger 1961/1989), sondern eben vor allem den Willen zur Macht, einen Willen, den er als Ur-Kraft ansieht, die unser Sein bestimmt und in uns wirkt, um uns in unsere Selbsterhöhung zu treiben. Der Wille ist dabei nie bloße Eigenschaft bzw. Eigenheit des Menschen, sondern er ist selbst das leibliche Sein des Menschen. Zu dieser Willenssicht bemerkt Martin Heidegger, dass die Auffassung des Seins alles Seienden als Wille in der Linie der besten und größten Überlieferung der deutschen Philosophie liege (Heidegger 1961/1989), und führt dabei natürlich zuerst Schopenhauer mit seinem Werk *Die Welt als Wille und Vorstellung* an. Darüber hinaus erwähnt er auch Friedrich Wilhelm Joseph Schelling (1775-1854), der in seinem Werk *Über das Wesen der menschlichen Freiheit* behauptet: „Es gibt in der letzten und höchsten Instanz gar kein anderes Sein als Wollen. Wollen ist Ursein." (Schelling 1964). Aber auch Georg Wilhelm Friedrich Hegel (1770-1831) „ ... begriff in seiner ‚Phänomenologie des Geistes' (1807) das Wesen des Seins als Wissen, das Wissen jedoch als wesensgleich mit dem Wollen" (Heidegger 1961/1989). Und nicht zuletzt nennt Martin Heidegger auch Gottfried Wilhelm Leibniz (1646-1716): „... der das Wesen des Seins als die ursprüngliche Einheit von perceptio und appetitus bestimmte, als Vorstellung und Wille."

Nach dieser Aufzählung der großen Vertreter der deutschen Geistesgeschichte kommt Heidegger zu dem Schluss, dass „das Seiende nach seinem Grundcharakter als Willen (zu) begreifen, ... keine Ansicht von einzelnen Denkern (sei), sondern eine Notwendigkeit der Geschichte des Daseins, das sie begründen" (Heidegger 1961/1989). Heidegger selbst sieht den Nietzsche'schen Willen zur Macht allerdings nicht als einen Willen zum Sein, sondern vielmehr als einen Willen zum Werden, womit er seinen Seinsbegriff in den Willensdiskurs einbringt. Denn Sein, zumindest jenes Sein, das sich uns im Seienden eröffnet, ist nie etwas Statisches, quasi zeitlich Ungebundenes. Es ist etwas Dynamisches, Zeitgebundenes; es ist immer ein Werden. Im genannten Werk zu Nietzsche führt er dazu an: „Die Frage, was das Seiende sei, sucht nach dem Sein des Seienden. Alles Sein ist für Nietzsche ein Werden. Dieses Werden jedoch hat den Charakter der Aktion und der Aktivität des Wollens. Der Wille aber ist in seinem Wesen Wille zur Macht." (Heidegger 1961/1989). Es ist ein uns vorgegebenes Wollen zur Selbstübersteigerung, auf das uns Friedrich Nietzsche mit seinen Ausführungen zum Willen zur Macht verweist; ein Ur-Wollen, das aber, wie Heidegger betont, zwar durch unser selbstbestimmtes Wollen nicht außer Kraft gesetzt wird, aber doch modifiziert und umgestaltet werden kann.

Wille und *Élan vital*

Der französische Philosoph Henri Bergson (1859-1941) verwendete zwar nicht den Begriff „Willen", wenn er jedoch vom élan vital als schöpferischer Kraft des Menschen schreibt, meint er wohl das, was in der deutschsprachigen Philosophie als Wille zur Schöpfung bezeichnet worden wäre. Élan vital ist für ihn weniger Kraft als Bewegung. Der Begriff bezeichnet einen Aufschwung des Lebendigen zu Höherem, als schöpferische Bewegung. Als Menschen erleben wir diesen élan vital als Antrieb, Lebenskraft, lebendige Begeisterung: Wir können uns „für etwas begeistern", wir „setzen uns für etwas ein", wir „lassen uns auf etwas ein" und schaffen und gestalten damit unsere Welt. Man kann élan vital auch mit „Lebensschwung" bzw. „Lebensschwung-kraft" übersetzen (siehe: Bergson 1921/2006) und kommt damit der Vorstellung einer Bewegung, die uns wiederum bewegt, am nächsten. Diese „Lebensschwungkraft, von der wir sprechen, ist im Grunde ein Verlangen nach Schöpfung. Sie kann nicht absolut schöpferisch sein, weil sie die Materie, das heißt die Umkehrung ihrer eigenen Bewegung vorfindet, wohl aber bemächtigt sie sich dieser Materie, ihrer die reine Notwendigkeit ist, und trachtet danach eine größtmögliche Summe von Indeterminiertheit und Freiheit in sich zu tragen." (Bergson 1921/2006). Diese schöpferische Grundkraft, besser: diese schöpferische Grundbewegung bringt „im Ringen mit dem Stofflichen immer neue Schöpfungen hervor" (Brockhaus 2004). Das Potential zur Evolution liegt nicht in der Materie selbst (hier kulminiert die Kritik Bergsons an der Darwin'schen Evolutionstheorie), sondern in dem Lebensschwung, der dem Stofflichen entgegensteht. Die Evolution ist damit auch nicht mehr quasi Zufallsprodukt, sondern Resultat einer schöpferischen Bewegung, einer nicht weiter reduzierbaren schöpferischen Grundbewegung, eines „Willens zur Schöpfung", der von Bergson eben „élan vital" genannt wird.

Dieser Lebensschwung steht außerhalb der Koordinaten und Kriterien, die wir üblicherweise an die Natur anlegen. Er ist in diesem Sinne Ur-Bewegung; und als solche auch Ur-Grund für die

Vielfalt des Lebens. Er ist Grund des Lebens, ohne selbst einen Grund zu haben: grundloser Grund, grundloser Lebensschwung. Damit weist der élan vitale gewisse Ähnlichkeiten mit dem Schopenhauer'schen Willen zum Leben und dem Nietzsche'schen Willen zur Macht auf. „Wille ist Wille ..." (Heidegger 1961/1989) und nichts mehr. In seinem Hauptwerk *Schöpferische Entwicklung* (im Original: *L'Évolution créatrice*) schreibt Bergson dazu: „Einheit und Vielheit seien Kategorien der leblosen Materie; die Lebensschwungkraft aber sei weder reine Einheit noch reine Vielheit; und niemals, wenn die Materie, der sie sich mitteilt, sie in die Lage der Wahl zwischen beiden bringe, werde diese Wahl eine endgültige sein: unaufhörlich wird sie von einer zur anderen überspringen. Nichts akzidentielles also hat die Doppelentwicklung im Sinne von Individualität und Assoziation." (Bergson 1921/2006). Auch wenn gewisse Ähnlichkeiten zwischen den Willenskonzeptionen Schopenhauers und Nietzsches und der Bergsons unleugbar bestehen, ist die Ausrichtung eine etwas andere: Ist es bei Schopenhauer noch das Leben selbst, worauf der Wille fokussiert, und bei Nietzsche der Machtzuwachs, so ist es bei Bergson die Evolution der Welt. Élan vital ist ein schöpferischer Antrieb, der die Evolution der Welt weitertreibt. Élan vital ist eine „Lebenssprungkraft", die „durch Mittlerschaft der entwickelten Organismen, der Bindeglieder der Keime von Keimgeneration auf Keimgeneration übergeht. Diese Sprungkraft, die in den verschiedenen Entwicklungsreihen, an die sie sich verteilt, fortlebt, ist die tiefere Ursache der Variationen ..." (Bergson 1921/2006).

Der Élan vital ist aber keine Urkraft (wie der Wille zum Leben oder der zur Macht), weder im Sinne einer nicht weiter zu begründenden Kraft, die uns zur Verfügung steht, um etwas Bestimmtes zu erreichen bzw. zu schaffen, noch im Sinne einer Kraftquelle, also im Sinne einer krafterzeugenden Ur-kraft. Der Élan vital bezieht seine Energie aus „der einverleibten Nahrung; denn Nahrung ist eine Art Explosivstoff, der nur des Funkens wartet, um sich der aufgespeicherten Energie zu entledigen. Wer hat aber diesen Explosivstoff hergestellt? Die Nahrung kann im Fleisch von Tieren bestehen, die sich vom Fleisch anderer Tiere ernähren, und so fort. Doch ist es zum Schluss immer die Pflanze, bei der man mündet, sie allein sammelt in Wahrheit die Sonnenenergie; die Tiere entlehnen sie nur von ihr – entweder unmittelbar, oder indem sie einander die Energie weiterreichen" (Bergson 1921/2006). Der auf die

Weise genährte Élan vital des Menschen ist der Antrieb, die innere Bewegung, die es uns möglich macht, schöpferisch tätig zu werden und uns auf diese Weise weiterzuentwickeln. Ohne Zweifel besteht auch hier eine Parallele zur Ideenwelt Nietzsches, die Entwicklung des Menschen betreffend. Beide Lebensphilosophen hatten überaus große Wirkkraft sowohl auf die deutsche wie auch auf die französische Philosophie. Nietzsche bereitete dabei in Deutschland den Boden für den mächtigen Einfluss von Bergson auf deutsche Philosophen; umgekehrt wurde gerade durch Bergson die französische Philosophie in besonderer Weise empfänglich für die Ideenwelt Nietzsches (Safranski 2000).

Einer dieser Philosophen, die so empfänglich für das Gedankengut Nietzsches waren, war Michel Foucault (1926-1984), der schon allein deshalb hier zu erwähnen ist, weil er in seinem Spätwerk *Sexualität und Wahrheit* nicht nur die Auswirkungen des Willens zur Macht auf das „gesellschaftliche Leben" (oder auf das, was gemeinhin und im oberflächlichen Sinne als „Zeitgeist" verstanden wird) in der zweiten Hälfte des 20. Jahrhunderts aufzeigte, sondern vor allem auch das Potential eines wollenden Menschen, der mit seinem selbstbestimmten Wollen zum Weltenerschaffer werden kann, ins Zentrum des Blickfeldes rückte (Foucault 1983). Auf diese selbstbestimmt wollende Weltenerschaffung wird in den folgenden Diskursen noch mehrmals zurückzukommen sein. Im ersten Band von *Sexualität und Wahrheit*, betitelt mit *Der Wille zum Wissen*, macht Michel Foucault die weitreichenden Auswirkungen der Macht im Allgemeinen und der Macht des Wissens um die Sexualität im Besonderen sichtbar. In den beiden nachfolgenden Bänden *Der Gebrauch der Lüste* und *Die Sorge um sich* – der vierte Band *Die Geständnisse des Fleisches* blieb aufgrund einer testamentarischen Verfügung unveröffentlicht (Dahlmanns 2008) – beschäftigt er sich auch mit den gestalterischen und schöpferischen Fähigkeiten des Menschen, wobei er nicht wie Henri Bergson auf eine vorgegebene, d.h. naturgegebene schöpferische Bewegung rekurriert, sondern diese schöpferische Aktivität als eine Potentialität des selbstbestimmt wollenden Menschen auffasst (Foucault 1983). Dieser Mensch wird nicht durch den Willen zur Macht (auch nicht durch einen „élan vital") zum Übermenschen, sondern er erreicht seine Entfaltung und Weiterentwicklung zu Höherem und Besserem durch sein selbstbestimmtes Wollen. Dieses Wollen ist es auch, das ihm das Tor zur Weltenerschaffung öffnet. Im Idealfall kann er

– dann, wenn diese Weltenerschaffung in schöne Welten mündet – zu einem „Kunstwerk Mensch" werden, das seine von ihm geschaffenen Welten und damit auch sich selbst als Kunstwerk leben und erleben kann.

All das bisher zum Begriff des Willens Vorgebrachte zusammenfassend wird deutlich, dass wir im Diskurs zum Willen mit zwei Bedeutungsströmen konfrontiert sind: zum einen mit jenem, in dem der Wille als ein dunkler Drang erscheint; als eine zwar spürbare, aber letztlich verborgen bleibende Ur-kraft, die alles bewegt und eine bestimmte Ausrichtung hat. Dabei bleibt es vordergründig unerheblich, ob dieser Ur-wille, diese Ur-kraft, diese Ur-bewegung nun einfach als „Wille", „metaphysischer Wille", „Trieb", „Instinkt", „Gott", das „Göttliche", „Naturkraft", „Es", „Libido", Eros" oder wie bei Henri Bergson als „élan vital" bezeichnet wird. Natürlich unterscheiden sich die genannten Konzeptionen mehr oder weniger voneinander, in allen Fällen ist damit aber eine uns vorgegebene Ur-Kraft bzw. Grundbewegung gemeint, die uns und unsere Welt(en) bewegt. Diese Ur-Kraft und Grundbewegung ist nicht nur denkbar, also nicht nur Produkt unserer Spekulationen, sondern sie ist für und in uns leiblich erfahrbar: Wir spüren sie als ein Getrieben-sein bzw. Angetrieben-werden. Zum anderen sehen wir uns im Willensdiskurs jenem Bedeutungsstrom gegenüber, in dem uns der Wille als eine Möglichkeit selbstbestimmten Wollens entgegentritt. Hier ist Wille ein von uns selbstgewähltes Wollen, ein bewusstes und selbstbewusstes Streben. Das Ziel bestimmen wir dabei selbst durch unsere eigene Entscheidung. Je stärker dieses Wollen, desto eher und rascher wird auch das von uns festgesetzte Ziel erreicht. Im Gegensatz zum vorher angesprochenen Willen, der naturgegeben (in uns) wirkt, lassen beim zweitgenannten Willen wir als bewusste Akteure dieses Wollen zum Tragen kommen. Nur wenn wir es wollen, zeigt sich dieser Wille. Es braucht hier unsere Absicht, während im erstgenannten Fall der Wille auch ganz absichtslos und unabhängig von unserem selbstgewählten Gewollten in Erscheinung tritt.

Beide Bedeutungsströme des Willens werden uns in den folgenden Diskursen zum Willen des Schönen beschäftigen. Im nächsten Kapitel werden wir uns vor allem dem Willen im Sinne der naturgegebenen, dunklen, von uns und in uns erlebbaren Wirkkraft zuwenden. Wir werden uns also zuvorderst mit dem „metaphysischen Willen“, mit dem „Ur-willen“ beschäftigen und dabei die spezielle Dialektik in seinen Verbindungen zum Schönen auszuleuchten trachten. Mit anderen Worten: Es wird die Frage zu stellen sein, ob es einen Willen zum Schönen überhaupt gibt. Falls diese Frage bejaht werden kann, werden wir uns dann noch die Frage stellen müssen, ob es sich dabei um einen Ur-willen im vorgenannten Sinne handelt oder doch eher um einen Willen, der, wie z.B. bei Nietzsche, nur einem anderen Willen nach- bzw. untergeordnet ist und demnach nicht mehr als ein Ur-Wille im eigentlichen Sinne zu betrachten ist. Im Band II werden wir dann dem zweiten Bedeutungsstrom des Willens folgen und die Möglichkeiten eines selbstbestimmten Wollens in Hinblick auf eine „Kultivierung“ bzw. Entfaltung und Weiterentwicklung des Willen zum Schönen ausloten, um damit die Grundlage für einen Diskurs zu den Möglichkeiten einer *schönen* Lebens- und Weltengestaltung zu schaffen.

Das Schöne – Versuche einer Begriffsbestimmung

„Und die findigen Tiere merken es schon,
dass wir nicht sehr verlässlich zu Haus
sind, in der gedeuteten Welt ...“
Rilke RM, Duineser Elegien VIII

Schon bei den ersten Schritten in Richtung einer Begriffsbestimmung wird einem die Vielgestaltigkeit und Mehrdeutigkeit und damit auch die Unschärfe in den Grenzziehungen des Adjektivs „schön“ sichtbar. Als Adjektiv bzw. Adverb verwendet, bezeichnet es eine besondere Qualität von Gegenständen, Lebewesen bzw. Situationen. Wann aber bezeichnen wir etwas zu Recht als schön? Ist das, was wir als „schön“ benennen, wirklich eine Eigenschaft von Gegenständen, Personen und Situationen? Oder entsteht diese „Eigenschaft“ in uns, also als eine Erfahrung von uns und ist damit letztendlich Produkt eines von uns selbst intendierten Schaffensprozesses? Noch deutlicher tritt die Vielgestaltigkeit und Mehrdeutigkeit von „schön“ dort zutage, wo wir dieses Adjektiv bzw. Adverb „substantivieren“ und von *dem* Schönen oder von *der* Schönheit sprechen. Zum einen meinen wir hier nichts anderes als den Sammelbegriff für all das, was der Eigenschaft schön zuzuordnen ist, und zum anderen verwenden wir die Wörter „Schönes“ bzw. „Schönheit“ als Repräsentanten für eine bestimmte Wesenheit oder Entität, für das Wesen des Schönen.

Worin liegt nun das Wesen des Schönen? Sind Schönes und Schönheit Ausdruck von uns inhärenten Ideen im platonischen Sinn? Ist das Schöne, ist Schönheit nur Produkt unseres Urteilsvermögens? Oder ist das Schöne nicht vielmehr Beschreibung einer uns präverbal vorgegebenen Erlebnisform? Wirkt das Schöne ganz unmittelbar auf uns ein oder erscheint uns das Schöne immer nur erst dann, wenn wir eine besondere Haltung, nämlich eine ästhetische Haltung, einem Gegenstand gegenüber eingenommen haben? Ist das Schöne uns von Natur aus gegeben oder ist es nicht vielmehr das Endprodukt eines menschlichen Konstruktionsprozesses, also Resultat unserer welten(-er)schaffenden Bemühungen? – Eine Fülle schwer zu beantwortender Fragen?!

Ästhetik und Ästhetisches Denken

Die Wissenschaft, die sich der Beantwortung all dieser Fragen widmet, wird zumindest seit dem 18. Jahrhundert Ästhetik genannt.

Sie versucht sich in Antworten auf Fragen wie z.B.: Was wird wann, wo, von wem und warum als Schönes bezeichnet? Als Teildisziplin der Philosophie ist sie eine noch relativ junge Wissenschaft. Üblicherweise wird ihr Beginn mit dem Erscheinen des von Alexander Gottlieb Baumgarten (1714-1762) verfassten Buches *Aesthetica*, also mit dem Jahr 1750 festgesetzt. In diesem Werk definiert Baumgarten die Ästhetik als „... eine bislang vernachlässigte Form der Erkenntnistheorie ... sie beschäftigt sich nicht nur mit schönen Gegenständen der Natur und der Kunst, sondern vor allem mit einem besonderen Wahrnehmungsvermögen ... der sinnlichen Erkenntnis" (Baumgarten 1750/2007). Ästhetik ist für Baumgarten demnach zuvorderst „Wissenschaft der sinnlichen Erkenntnis". Sie ist für ihn damit eben nicht nur jene Wissenschaft, die sich mit der „Theorie der freien Künste" beschäftigt, sondern vielmehr „untere Erkenntnislehre", „Kunst des schönen Denkens" und „Kunst eines der Vernunft analogen Denkens", nämlich eines Denkens, das Wolfgang Welsch (2003) am Beginn des 21. Jahrhunderts dann als „ästhetisches Denken" mit all seinen Besonderheiten hinsichtlich seiner Denkfiguren und Denkmuster umfassend vorstellt (siehe auch: Einleitung).

Bis dahin wurden sinnliche Wahrnehmungen immer nur als dunkle und unzuverlässige Wahrheitsquellen angesehen. Für Baumgarten hingegen ist Ästhetik und damit auch ihre zentrale Methode, das ästhetische Denken, eine eigene „untersuchungswürdige Form von Welterkenntnis" (Majetschak 2007). Allerdings grenzt er die ästhetische Erkenntnis von anderen Erkenntnisformen als sogenannte „untere Erkenntnislehre" ab. Er ist dabei mit Descartes und Leibnitz einer Meinung, dass das „obere Erkenntnisvermögen" der Verstand und die Vernunft sind und bleiben; dahinter, quasi in zweiter Reihe, lokalisiert er das Erkenntnisvermögen der sinnlichen Wahrnehmung. Für Baumgarten ist Ästhetik aber nicht nur Erkenntniswissenschaft, sondern gleichzeitig Kunst. In seinen *Prolegomena* erläutert er, dass er Kunst nicht nur als Praxis versteht, sondern ebenso als ein „reflektierendes gedankliches System, eine Theorie der freien Künste" (siehe auch: Schneider 2002). Mit anderen Worten: Ästhetik ist nicht nur eine Wissenschaft, die sich dem philosophisch-wissenschaftlichen Diskurs über das Schöne bzw. das Kunstschaffen und Kunstwerk verpflichtet fühlt, sondern sie ist immer auch eine auf ein „ästhetisches Denken" selbst ausgerichtete Wissenschaft. Diesen Ansatz Baumgartens führt Wolfgang Welsch dahingehend vertiefend aus, dass in der Ästhetik eben nicht bloß Ästhetisches Gegenstand der Reflexion sei, „sondern (dass Ästhetik hier) auch den Kern des Denkens selbst betrifft ... Das Denken (selbst) muss als solches eine ästhetische Signatur aufweisen, muss ästhetischen Zuschnitts sein." (Welsch 2003) Ästhetisches Denken umfasst demnach Denkfiguren, deren Ausgangspunkt nicht allein die Sinneswahrnehmungen, sondern vor allem die sinnlichen Wahrnehmungen sind (siehe auch: Einleitung). Darin unterscheidet es sich von anderen Denkformen, wie z.B. dem rechnerischen, ökonomischen oder empirisch-naturwissenschaftlichen Denken.

Seit Baumgarten hat sich die Ästhetik in vielerlei Hinsicht weiterentwickelt. Sie bleibt in ihren wissenschaftlichen Zielsetzungen heute keineswegs nur mehr auf das Kunstschöne und Naturschöne beschränkt, sondern sieht als wesentliches Betätigungsfeld ebenso das Alltagsschöne. Sie ist somit nicht mehr darauf zu reduzieren, für die Kunst als Wissenschaft das zu sein, was die Ornithologie für Vögel ist. Sie ist auch keineswegs mit der „Kallistik", der „reinen" Wissenschaft des Schönen, gleichzusetzen, die ihrerseits nur eine Teilmenge der Ästhetik darstellt (Waibel 2009). Ästhetik fokussiert als Wissenschaft also nicht nur auf das Urteilsvermögen im Hinblick auf Kunst- bzw. Naturschönes, sondern beschäftigt sich viel allgemeiner mit sinnlicher Wahrnehmung und sinnlich Wahrnehmbarem aller Art, unabhängig davon, ob es sich dabei um Schönes oder eben um Nicht-mehr-Schönes handelt. „Es (ist) nicht mehr die primäre Aufgabe der Ästhetik zu bestimmen, was Kunst oder ein Kunstwerk ist", betont in diesem Zusammenhang der deutsche Philosoph und Ästhetiker Gernot Böhme (1995), „vielmehr ist das Thema der Ästhetik nun die ästhetische Arbeit in ihrer vollen Breite. Sie wird allgemein bestimmt als Produktion von Atmosphären ... Die autonome Kunst wird in diesem Rahmen nur (mehr) als eine spezielle Form ästhetischer Arbeit verstanden".

Folgerichtig werden dann Unter- bzw. Spezialdisziplinen der Ästhetik geschaffen, um bei der Vielfalt der Aufgabenstellungen das jeweils Wesentliche nicht aus den Augen zu verlieren. Eine der Teildisziplinen der Ästhetik ist die sogenannte „Sozialästhetik" (Musalek 2010). Deren Forschungsergebnisse und aus ihr gewonnene Einsichten werden uns vor allem im späteren Diskurs der Zusammenhänge des Schönen mit dem Gesunden wiederbegegnen. Arnold Berleant (2005), der den Begriff in das philosophische Schrifttum einführte, definiert Sozialästhetik als Ästhetik der Situation. Sie ist wie jede Ästhetik immer „kontextual und perzeptuell ... eine intensive perzeptorische Aufmerksamkeit und Achtsamkeit sind ihre unverzichtbaren Grundlagen; ihr Fokus ist der Alltag." Es handelt sich dabei also um (eine) Ästhetik, die es sich zum Ziel macht, das *Wie* des menschlichen Zusammenlebens zu bearbeiten, mehr Licht ins Dunkel der menschlichen Umgangsformen und sinnlichen Erlebnisweisen von Gastfreundschaft zu bringen (Musalek 2011).

Die Beziehungen zwischen den einzelnen Menschen, aber auch jene zwischen Menschen und ihrer Umgebung, den Plätzen und Orten, den Zeiten und Augenblicken, wo, wann und vor allem wie Begegnungen stattfinden, in welchen Atmosphären sie erlebt werden – und nicht zuletzt welche Gestaltungsmöglichkeiten sich hier für uns öffnen, das sind die vordringlichsten Interessensfelder der Sozialästhetik. Gernot Böhme (1995) spricht in diesem Zusammenhang von einer „Neuen Ästhetik". Diese „ ... neue Ästhetik hat es mit der Beziehung von Umgebungsqualitäten und menschlichem Befinden zu tun. Dieses *Und*, dieses zwischen beidem, dasjenige, wodurch Umgebungsqualitäten aufeinander bezogen sind, das sind die Atmosphären." Brennpunkt der sozialästhetischen Forschungsarbeit ist damit die sinnliche Wahrnehmung unseres mitmenschlichen Zusammenlebens, ihre Hauptarbeitsfelder sind Atmosphären und Gastfreundschaft in unserem Alltag.

Immanuel Kant fasste den Begriff „ästhetisch" als besondere Form des Ergebnisses eines bestimmten Urteils auf, das sich nicht nur auf Kunstwerke, sondern auch auf das uns in der Natur Gegebene (das Naturschöne) bezieht. Etwas als ästhetisch anzusehen, wird heute allerdings keineswegs nur mehr als das Resultat eines Urteils betrachtet, sondern vielmehr als eine besondere Ausweisung von Eigenschaften, Haltungen bzw. Erlebnisvermögen, die ihrerseits allesamt auch nicht mehr nur auf Schönes im engeren Sinn, sei es nun Kunstschönes oder aber Naturschönes ausgerichtet sein müssen (Goldman 2005), sondern viel umfassender sich auf unsere ganze Um- und Mitwelt beziehen. Im Mittelpunkt des ästhetischen Denkens und Forschens stehen damit eher Fragen nach dem, *wie* wir unseren Alltag gestalten bzw. wie wir ihn gestalten könnten, als solche nach dem, *was* nun das Kunst- bzw. Naturschöne sei. Bei all diesen Ausweitungen der Begriffe „Ästhetik" und „ästhetisches Denken" bleibt jedoch immer noch die „Schönheit ... das Hauptwort aller Ästhetik" (Herder 1878/1967). Hegel

(1842/1976) begann seine Ästhetik-Vorlesungen mit den Worten: „Diese Vorlesungen sind der *Ästhetik* gewidmet; ihr Gegenstand ist das weite *Reich des Schönen*, ...“ und legte damit fest, was (bei aller Offenheit für die Entwicklung neuer Aufgabenverteilungen) bis heute Gültigkeit hat: Der Diskurs über das Schöne ist und bleibt das Hauptaufgabengebiet der Ästhetik.

Der Diskurs zu Fragen der Ästhetik beginnt keineswegs erst mit der Gründung der wissenschaftlich-philosophischen Ästhetik im 18. Jahrhundert; er reicht zurück in viel frühere Zeiten philosophischen Nachdenkens. Es sollen daher im Folgenden einige der wichtigsten Positionen im Schönheitsdiskurs grob skizziert werden, um die Vieldeutigkeit und Komplexität des Begriffs sichtbar zu machen und auf diese Weise die Bedeutungshintergründe jener Begriffsverwendungen auszuleuchten, die in der späteren Abhandlung zum Willen des Schönen den Diskurs prägen werden.

Hauptströmungen in den Schönheitsdiskursen

Wenn man die hier skizzierten verschiedenen Bestimmungsarten und Zugangangsformen zum Schönen zusammenfasst, werden drei Hauptströmungen im Schönheitsdiskurs sichtbar: zum Ersten eine bis weit in die griechische Antike zurückreichende Tradition, das Schöne letztendlich als ein „Dingschönes“ zu begreifen und daher auf das Wesen des Schönen und seine Stellung in der uns gegenüberstehenden Welt, der Welt der „schönen Objekte“, zu fokussieren; in der zweiten Perspektive richtet sich der ästhetische Blick nicht auf die Schönheit selbst oder das schöne Ding, sondern auf unser Vermögen, Schönes sinnlich wahrnehmen und erfahren zu können. Damit steht nicht mehr das Schöne selbst, sondern das menschliche Schönheitserleben im Mittelpunkt des Interesses. Und zum Dritten sind erlebens- und handlungsoffene Ansätze zu nennen, die sich vor allem auf die „ästhetische Haltung“ konzentrieren, die ihrerseits uns als besondere Lebenszugangsform jene Koordinaten zu liefern imstande ist, die nötig sind, um das Schöne in seinen mannigfachen Ausrichtungen und Wirkungen dingfest und damit erlebbar zu machen.

Die *erste Tradition*, die das ästhetische Denken und Forschen von der Antike bis zum Beginn der Neuzeit wesentlich bestimmte und deren Spuren sich bis zu heutigen Theorien verfolgen lassen (Giovanelli 2012b), legt ihr Hauptaugenmerk auf das Schöne als ästhetische Eigenschaft der uns gegebenen Objekte („aesthetic properties"). Diese „schöne Eigenschaft" wird allerdings ganz unterschiedlich begründet. Bei Platon ist es die ewige Idee, die uns im schönen Gegenstand erscheint, bei Aristoteles und später bei Augustinus und Thomas von Aquin ist es dann die dem Gegenstand selbst inhärente Eigenschaft, die eine solche Wirkung entfaltet, dass dieser uns als schön entgegenleuchtet. In allen Fällen spielen Symmetrien, Ausgewogenheiten und Wohlverhältnisse eine zentrale Rolle im Zustandekommen des Schönheitserlebnisses. Der Mensch ist dabei jenes Wesen, das dieses vom Ding ausgehende Schöne aufnehmen kann im Sinne von wahr-nehmen. Das Schöne selbst bleibt hier auf das uns im Ding bzw. in der jeweiligen Situation (Vor-)Gegebene reduziert. Durch unsere Einstellung zum Schönen ermöglichen wir es dem Schönen aber erst, auf uns und in uns zu wirken, so gesehen ist es nicht nur Dingschönes, sondern immer auch Werkschönes. Das Schöne wird von uns wahr-genommen und er-fahren; es selbst liegt dabei aber quasi immer außerhalb von uns im Ding bzw. Werkstück. Es ist als „Dingschönes" bzw. „Werkstückschönes" Bestandteil des uns gegebenen Gegenstands.

Die *zweite Tradition*, die in der üblichen Betrachtung mit Kant einsetzt, deren Geburtsstunde aber ohne Zweifel schon in der vorsokratischen Zeit liegt, nimmt bis heute eine gegenüber den anderen Traditionen dominierende Stellung ein. Sie rückt den das Schöne erfahrenden Menschen in den Fokus des Schönheitsgeschehens und damit auch der Schönheitsforschung. Dieser ohne Zweifel für ein tieferes Verstehen des Phänomens des Schönen notwendige Perspektivenwechsel führte aber schon bald in ein heute kaum mehr überschaubares Begriffswirrwarr, wofür möglicherweise die Vielfalt der Forschungsrichtungen, die in die Aufklärung von Schönheitserfahrungen involviert sind, wie z.B. Philosophie, Kunstkritik, Psychologie, Psychopathologie, Neurophysiologie und Soziologie mit ihren unterschiedlichen „Sprachen", verantwortlich zeichnet. Worte, die im Zusammenhang mit dem Festmachen der Rolle des Menschen im Prozess des Erscheinens des Schönen (Seel 2003) häufig Verwendung finden, wie „empfinden", „fühlen", „wahrnehmen", „spüren", „erfahren", „erleben", und davon abgeleitete Bezeichnungen, wie „sinnliches bzw. ästhetisches Empfinden", „sinnliches bzw. ästhetisches Wahrnehmen", „sinnliches bzw. ästhetisches Erfahren" oder „sinnliches bzw. ästhetisches Erleben", werden oft synonym verwendet bzw. ihre Bedeutungen überlappen sich, sie sind zum Teil aber auch streng voneinander abgegrenzt und mit unterschiedlichsten Bedeutungen und Definitionen belegt.

Für Kant basiert Empfindung auf einem Zusammenspiel von Realem (das seinerseits auch Ausgangspunkt des Empfindens ist), Begriff und Anschauung, das uns erst sinnliches Wahrnehmen, als ein „empirische(s) Bewusstsein, das ... ein solches (ist), in welchem zugleich Empfindung ist", ermöglicht (Kant 1790/1995a). Mehr als 200 Jahre später beschreibt Wolfhart Henckmann (2004) in dem von ihm gemeinsam mit Konrad Lotter herausgegebenen *Lexikon der Ästhetik* die ästhetische Wahrnehmung als „die Wahrnehmung von Schönheit und Kunst bzw. aller ästhetisch wirksamen Objekte durch die Sinne und innerhalb der Grenzen des sinnlich Wahrnehmbaren". Ästhetische Wahrnehmung ist für ihn eine „Teilfunktion der ästhetischen Erfahrung". Des Weiteren verweist Henckmann darauf, dass wenn „... ein genauerer Begriff der ästhetischen Wahrnehmung von dem der allgemeinen sinnlichen Wahrnehmung und dem Erlebnis des Angenehmen unterschieden werden (soll), ... eine von der Erfahrung sinnlicher Reize unterschiedene Erfahrung der Schönheit oder einfach Geschmack als Maßstab anerkannt werden muss ..."

Die ästhetische Wahrnehmung hat also einen ihrer Ausgangspunkte in sinnlichen Empfindungen bzw. Gefühlen, die ihrerseits wieder ihren Ursprung in sinnlichen Reizen haben. Dazu führt Georgi Schischkoff (1991) in seinem *Philosophischen Wörterbuch* aus, dass Empfindung „in der Alltagssprache soviel wie ein Gefühl (ist), in der Physiologie und Psychologie eine Erregung in den Sinneszentren der Großhirnrinde (psychophysiologisches Niveau), die gewöhnlich durch die Erregung eines Sinnesnerven hervorgerufen wird ... Sobald der Empfindungszusammenhang die Schwelle des Bewusstseins überschreitet, wird er ... Teil einer Gestalt und Teil einer Wahrnehmung." Mit der Bezeichnung Empfindungszusammenhang verweist er auf die Komplexität dieser sinnlichen Wahrnehmung: Wir hören einen Ton nicht nur einfach tönen, sondern dieser ist zugleich immer auch laut oder eben leise, scharf oder weich, kalt oder warm etc.

Abgesehen von der hohen Komplexität der sinnlichen Wahrnehmungen ist der Umstand bemerkenswert, dass Schischkoff (und mit ihm viele andere) die Begriffe Empfinden und Fühlen im Wesentlichen gleichbedeutend verwendet. Demgegenüber unterscheidet C.G. Jung (1875-1961) in seiner Charakterlehre das Empfinden vom Fühlen, Denken und Intuieren, wobei seiner Meinung nach das Fühlen uns nur eine Differenzierung zwischen „angenehm" und „unangenehm" erlaubt, während das Empfinden weit darüber hinausreichend uns die Welt so wahrnehmen lässt, wie sie ist (Jung 1995). Konrad Paul Liessmann (2009b) differenziert zwischen einer „ästhetischen Empfindung" und einer bloß „sinnlichen Empfindung". Die ästhetische Empfindung ist dabei auf die sinnliche angewiesen. Sie kann nicht allein für sich in Erscheinung treten; sie steht gleichsam über der sinnlichen Empfindung, die ihr Ausgangspunkt ist. Darüber hinaus unterscheidet Liessman zwischen einer „ästhetischen *Empfindung*" und einer „ästhetischen *Erfahrung*". Letztere sieht er als „Resultat eines komplexen Prozesses ..., in dem sinnliche und emotionale Eindrücke, Erinnerungen, bestätigte und enttäuschte Erwartungen, Reflexionen, Urteile, Wissenspartikel eingeflossen sind, die imstande sind, an einem Menschen eine dauerhafte Zustandsänderung herbeizuführen. In einem emphatischen Sinne kann die ästhetische Erfahrung dann auch als ‚Schwellenerfahrung' beschrieben werden ..." (Liessmann 2009b)

Sinnliche Empfindungen werden damit zu einer der Grundlagen bzw. überhaupt zu *dem* wesentlichen Ausgangspunkt von ästhetischen Erfahrungen. Die ästhetische Erfahrung bleibt ihrerseits, im Gegensatz zur ästhetischen Empfindung, nie nur auf bloß Sinnliches beschränkt. Sie ist in jedem Fall auch kognitives Geschehen, insbesondere dort, wo nicht nur logische Überlegungen im eigentlichen Sinn und nicht wohlbegründete Urteile, sondern nur „Wissenspartikel" bzw. Erinnerungsreste die ästhetische Erfahrung mitbedingen.

In einer von Alfried Längle vorgestellten Einteilung der Emotionen (Längle 2003/2015), die ihre Wurzeln in den Theorien Viktor Frankls zur Emotionalität des Menschen hat , wird zwischen „Gefühlen", „Spüren" und „Fühlen" unterschieden. „Gefühle" sind der Oberbegriff für emotionale Zustandsformen, die einerseits dem Fühlen und andererseits dem Spüren zugeordnet werden. Sie selbst „bringen Leben in das Dasein ..." und „... stellen (damit) den Bezug zur Situation zum eigenen Leben her." Dank unseres Fühlens können wir ein Leben nicht nur führen, sondern das Leben auch ‚erleben'. „Das Leben erhält gleichsam ‚Fleisch und Blut', wenn es mit dem Fühlen verbunden ist" (Längle 2015). Die Gefühle sind also der Schlüssel zu unserem Dasein. Sie ermöglichen uns nicht nur emotionale Erfahrungen, sondern sie sind auch wesentliche

Grundlage dafür, dass wir etwas erleben können. Ohne Gefühle kein Erleben. Insofern sind sie auch existentiell unabdingbar; wenn man sie zu wenig beachtet (was in einer Zeit, in der dem Kognitiven, dem Logischen, dem mathematisch Ausdrückbaren eine solche Übermacht zuteil wird), zieht das unweigerlich ein „Zuwenig an Befassung mit dem Erleben der Werte" nach sich. „Das wiederum steht in engem Zusammenhang mit dem Übergehen von gefühlten Bedürfnissen und Trieben", was seinerseits wieder untrennbar mit „Unzufriedenheit und Spannung" verbunden ist (Längle 2015).

Um einer solchen durch nicht ernstnehmen von Bedürfnissen und Trieben entstehenden Unzufriedenheit zuvorzukommen, wollen wir *etwas erleben*. Wir wollen aber auch etwas erleben, „um der nüchternen Sachlichkeit zu entkommen, denn es erfüllt (uns) nicht Tag für Tag nur zu funktionieren ... Die reine Sachlichkeit des Sein-Könnens in der Welt ist zwar basal und auch notwendig ... doch wird das Leben leer, beziehungsarm und unbefriedigend, wenn nicht Interesse, Freude oder die Wichtigkeit empfunden wird oder wenn man sich nicht mit anderen Menschen mitfreuen kann" (Längle 2015). Wir brauchen also unsere Gefühle, um nicht in die Leere eines freud- und sinnlosen Daseins geworfen zu werden. Gefühle sind daher auch nicht nur evolutionärer (und damit animalischer) Restbestand eines zum Denken fähigen Menschen, wie uns das bis heute noch immer so viele Vernunft- und Verstandesanbeter glauben machen wollen. Der ideale Mensch ist frei von affektiver Kontamination – das ist ihr Credo. Manche gehen dabei sogar so weit, dass sie ein „Downloaden" des Gehirns auf eine Computerfestplatte fordern, um auf diese Weise das Fühlen endgültig auszuschalten und damit „vollkommene Menschwerdung" zu ermöglichen (Moravec 1990).

Gefühle sind aber nicht zu überwindende Hindernisse auf dem Weg zum eigentlichen Menschen, sondern sie sind vielmehr als lebenskonstitutive Elemente die unverzichtbare Voraussetzung unseres In-der-Welt-seins. Dieses In-der-Welt-sein, das natürlich immer nur ein In-unserer-Welt-sein sein kann, ist nämlich keineswegs nur ein vernunft- und verstandeszentriertes Krone-der-Schöpfung-sein, sondern wesentlich ein durch unsere Gefühle erst ermöglichtes Mit-sein mit all dem von Natur aus uns Gegebenen. Darüber hinaus sind Gefühle, und hier vor allem jene aus dem Bereich des Schönheitserlebens, wie Gefühle des Angenehmen, der

Freude, der Begeisterung etc., auch noch wesentlicher Motor für unsere Weiterentwicklung als Menschen, mit anderen Worten: Sie sind die unverzichtbaren Kraftvektoren unserer Menschwerdung. Friedrich Nietzsche (1886/1988) fordert von uns: „Werde der du bist" und meint damit „werde der du auch sein könntest". Gerade diese Form der Menschwerdung bliebe uns ohne unsere Möglichkeiten, etwas zu fühlen, aber auch etwas zu (er-)spüren, für immer verschlossen.

Fühlen umfasst nach Längle (2015) auf der einen Seite die Emotionen und auf der anderen die Affekte. *Emotionen* sind Stimmungen und Gestimmtheiten im Sinne von tiefen Gefühlen, wie z.B. Wehmut, Trauer, Freude oder Liebe, die über längere Zeitabschnitte vorherrschen und eine „im Inneren geschaffene Gefühlsantwort auf ein Erleben oder auf einen Gedanken" (Längle 2015) darstellen. Sie bewegen uns in besonderer Weise von innen heraus (siehe auch: Emotion vom lat. e-movere – von innen heraus bewegen) und bestimmen auf diese Weise wesentlich unser Erleben und Handeln mit. Im Gegensatz zu diesen Grundgestimmtheiten sind *Affekte* stimulusabhängige Gefühle, die sich wie Reflexe auf entsprechende Reize einstellen und auf diese Weise die vorgenannten Stimmungen auch überlagern können. Sie „sind … stimulusbezogene, also *gereizte* Lebendigkeit" (Längle 2015) und können uns auf diese Weise mehr oder weniger stark „anmachen" (siehe auch Affekt vom lat. „adficere" – „angemacht"). Trotzdem erreichen diese Gefühlsreaktionen sogar in maximaler Ausprägung „ ... nicht die emotionale Tiefe (z.B. Angst, Erotisierung …)" von Emotionen.

Schon Erich Fromm (1978/2011) hat im Zusammenhang mit seinem Diskurs über die Lebensprinzipien *Haben und Sein* ganz zu Recht dem damals wie heute so prominenten oberflächlichen Affekt *Spaß* eine immer mehr aus der Mode kommende tiefe Emotion der *Freude* gegenübergestellt – beide sind Wohlgefühle und doch so verschieden: einmal eben nur oberflächliches Gipfelerlebnis, das man als Reaktion auf Lustiges und Spaßiges *haben* kann, und im andern Fall das hohe Erlebensplateau eines mit Freude erfüllten Glücklich*seins.* Ganz anders als gefühlsmäßiges Reagieren auf Außenreize ist Emotion eben vor allem „*berührte* oder *angerührte* Zustimmung zum Leben" (Längle 2015). Kurzfristiges Spaß-*haben* und andauerndes Glücklich-*sein* rekurrieren zwar beide auf positive Gefühle, hinsichtlich ihrer Phänomenologie, ihrer Quantität und (Erlebens-)Qualität sind sie jedoch ganz und gar nicht das Gleiche. Auf die Unterscheide zwischen diesen beiden Wahrnehmens- bzw. Erlebensqualitäten (deren sich übrigens bereits die meisten Religionsgründer schon bewusst waren – nahezu von allen wird das nur Spaß-haben eher negativ bewertet, während Freude erklärte Zielsetzung ist) wird im Band 2 *Der Wille zum Schönen als Kulturgeschehen* noch genauer einzugehen sein, um ein Verstehen der höchsten und zugleich auch tiefsten Form des Schönheitserlebens, nämlich des Genießens, zu ermöglichen.

Längle (2015) unterscheidet in seiner Gefühlslehre aber nicht nur die Emotionen von Affekten, sondern von diesen beiden wiederum das *Spüren*. „Emotionen und Affekte sind zu verstehen als Effekte von Berührung durch eine Nähe zu einem Objekt (Gegenstand, Mensch, Gedanke, Musik etc.)“, wobei diese Berührung durch Nähe seiner Meinung nach in vier Schritten erfolgt: erstens in einem Sich-in-Beziehung-Setzen, zweitens in einem Auf-sich-wirken-Lassen, drittens in einem körpernahen Erleben (eben von Emotionen bzw. Affekten), und viertens in einem Sich-bewegen -Lassen („Mobilisierte Vitalität“). Spüren ist viel mehr als bloßes Fühlen. Als der gefühlsmäßige „Bezug zum Wesentlichen“ schlechthin, ist das Spüren ein „ … intuitives phänomenologisches Sehen des jeweils tieferen Gehalts einer Situation“ (Längle 2015). Das Spüren ist, wie Hubertus Tellenbach (1968) es ausdrückte, die gefühlte Wahrnehmung von Werten, Entwicklungen oder Atmosphären in der Welt. „Wir können spüren, wie das gemeint ist, was jemand sagt, wir können spüren, was hinter einem Blick steht … Wir spüren also eine Qualität, ein ‚Wie‘ aufgrund weniger Informationen ‚intuitiv‘“ (Längle 2015).

Manche Menschen haben eine sehr stark ausgeprägte intuitive Kraft, andere sind darin fast blind und verlassen sich mehr auf den Verstand oder die Erfahrung (Längle 2015). Als „ein vom eigenen Körper wegführendes, ‚intentionales‘ Fühlen“ (Scheler 1980) ist das Spüren für Längle ein Fühlen „über die Distanz von Raum und Zeit hinweg …. Das Spüren ist eine Zusammenschau, das die Sachen im Zusammenhang sieht und daher auch das im Blickfeld hat, worauf eine Sache oder Situation hinausläuft …. Im Spüren achtet der Mensch darauf, ‚wie etwas zu mir spricht‘, ‚was ich von der Sache als solcher spüre‘. Es ist ein Gefühl, das sich einstellt, wenn man sich in eine Situation versetzt ... Das Spüren kann daher als eine intuitive, phänomenologische Wahrnehmungsfähigkeit von Qualitäten aufgefasst werden“ (Längle 2015). Spüren hebt sich damit deutlich von reinem Fühlen, sei es nun von Emotionen oder Affekten ab. Es gibt uns die Möglichkeit des ganzheitlichen gefühlsmäßigen Erfassens einer Situation, eines Geschehens, aber auch eines Menschen etc. Oft ist es schwer, das Ergebnis dieser Ganzheitserfahrung auch in Worte zu fassen. Trotzdem können von uns im Spüren Geschehen und Vorkommnisse, Farbenspiele mit ihren Schattierungen, Auren und Atmosphären in all ihrer Komplexität ganz konkret wahrgenommen und auch ganz unmittelbar erfahren werden, die uns mittels ausschließlichen Einsatzes unserer kognitiver Fähigkeiten verborgen blieben. So ist auch das Spüren eine wesentliche Grundlage für ein ganzheitliches Wahrnehmen des Schönen in all seiner Vielfalt und Komplexität.

Allein schon dieser kurze definitorische Exkurs illustriert die außerordentliche Vielfalt und die ungemeine Uneinheitlichkeit der Begriffsverwendung im Wahrnehmungs- und Erfahrungsdiskurs im Allgemeinen (Längle 2015) sowie im auf den Menschen als Rezipienten zentrierten Schönheitsdiskurs im Besonderen. Es wird somit auch klar, dass es bei Beschäftigung mit jenen Wahrnehmungs- und Empfindungsprozessen, an deren Endpunkt das Erleben des Schönen zu lokalisieren ist, immer Not tut, bei Verwendung von entsprechenden Bezeichnungen, für wie allgemein verständlich sie auch immer gehalten werden, die jeweils dazugehörige Definition mitbereitzustellen, um unnötige Missverständnissen und Fehlinterpretationen zu vermeiden. Ohne jedweden Anspruch auf „Richtigkeit" im Sinne von Allgemeingültigkeit zu erheben, wird nun im Folgenden allein aus diskurspraktischen Gründen zwischen einem „sinnlichen Wahrnehmen" („sinnliche Wahrnehmung") , „sinnlichen Erfahren" („sinnliche Erfahrung") und einem „sinnlichen Erleben" („sinnliches Erlebnis") unterschieden.

Dabei umfasst der Begriff *sinnliches Wahrnehmen (sinnliche Wahrnehmung),* in seiner Verwendung hier, die Sinneswahrnehmung im engeren Sinn, also einerseits das *Gegenstandswahrnehmen* als eine Teilmenge und andererseits das *Eindrucks-wahrnehmen*, den *impressiven Wahrnehmungsmodus* (Berner & Musalek 1989, Musalek 1991) als eine zweite Teilmenge. Ersteres ist vor allem auf Wiedererkennung in Form und Inhalt angelegt. Es ermöglicht uns z.B., jemanden, den wir schon einmal trafen, oder einen Ort, an dem wir schon einmal gewesen sind, wiederzuerkennen oder im Fall eines ersten Treffens ihn zumindest in seinen Einzelheiten zu beschreiben, um die Einzelheiten, die ihn ausmachen, dann „wiederzuerkennen". Er-kennen ist hier immer auch *Wieder-erkennen.* Das impressive Wahrnehmen ist dagegen für die emotionale Färbung des im Gegenstandswahrnehmen Wahrgenommenen bzw. Wiedererkannten verantwortlich. Es sind zum einen Gefühle des Angenehmen, des Vertrauten, Heimischen und des Sicherheit Vermittelnden sowie ihre Gegenspieler, die Gefühle des Unangenehmen, des Fremden und Bedrohlichen, und zum anderen Gefühle der Faszination, der Begeisterung bis hin zur Berauschung mit ihren Gegenspielern innere Leere, Desinteresse und Nüchternheit, die unser Gegenstandswahrnehmen begleiten und uns auf diese Weise ein ganz unmittelbares, noch vorkognitives Entscheiden zwischen Ungefährlichem und Gefährlichem ermöglichen. Unklar ist dabei, ob unser Gegenstandswahrnehmen von unseren emotionalen Empfindungen begleitet wird oder ob nicht vielleicht doch unser Gegenstandswahrnehmen das emotionale Empfinden begleitet. Denn in der Tat ist ein Gegenstands-wahrnehmen ohne emotionale Einfärbung und Einbettung nicht möglich, während wir durchaus in bestimmten Situationen ganz ohne bewusste Gegenstandswahrnehmung auf entsprechende Stimuli reagieren können. Um diesen Umständen und damit auch der beobachtbaren Realität in unseren Beschreibungen möglichst nahezukommen, ist hier von einer innigen Verwobenheit der emotionalen Empfindung und der Gegenstandswahrnehmung, als „Begleitungen", zu sprechen.

Wesentliche Grundlagen für eine Generierung dieser mit dem Gegenstandswahrnehmen so tief verwobenen Emotionen sind vor allem Engramme im emotionalen Gedächtnis (LaBar & Cabeza 2006). Dieses Gedächtnis beinhaltet emotionale Muster, die mit bestimmten Situationen, Lebewesen oder auch Atmosphären eng verbunden sind. Die Entstehungsgeschichte dieser Gedächtnismuster reicht bis weit in die frühe Kindheit, möglicherweise sogar bis in die intrauterine Lebensphase zurück. Für die Gefahrenerkennung sind sie unverzichtbare Hilfsmittel. Im Unterschied zum repräsentativen Gedächtnis, das auf dem Gegenstandswahrnehmen basiert und relativ langsam ist (es arbeitet etwa im Sekunden-Takt), können im emotionalen Gedächtnis „Gedächtnisinhalte" im Zehntel- bis Millisekunden-Bereich zur Verfügung gestellt werden. Betroffene erleben diese „Gedächtnismuster" als ein „mulmiges" oder bedrohliches Gefühl, womit ein etwaiges Gefahrenmoment bereits viel früher erkannt wird und entsprechende Reaktionen auch früher gesetzt werden können, als wenn wir nur allein auf das Gegenstandsgedächtnis angewiesen wären. Der Unterschied zwischen einer Reaktionslatenz von Zehntelsekunden zu Sekunden kann durchaus lebensentscheidend sein. Das emotionale Gedächtnis wird damit zu einem lebenswichtigen Tool unserer Existenz.

Das emotionale Gedächtnis spielt aber auch eine wichtige Rolle im Erleben von Atmosphären (auch ganz ohne Involviert-sein des Gegenstands-wahrnehmens bzw. -gedächtnisses). Ob wir eine Atmosphäre, eine bestimmte Situation als angenehm, vertraut und öffnend, als schön erleben oder im Gegensatz dazu als bedrohlich, befremdlich und verschließend, als nicht schön, wird ganz wesentlich vom emotionalen Gedächtnis gesteuert. Ob wir uns in einer bestimmten Situation also eher wohl oder unwohl fühlen, ist vor allem Ausdruck von Engrammen im emotionalen Gedächtnis. Im Rahmen psychischer Erkrankungen, im Besonderen im Falle sogenannter affektiver Erkrankungen, kann es auch zu einer „Entzügelung dieses impressiven Wahrnehmungsmodus“ (Werner Janzarik 1988) kommen. Dabei werden auch ganz banale Wahrnehmungen emotional in besonderer Weise bedeutsam. So können z.B. normale schwarze Autos, wie wir sie in jeder europäischen Stadt im Straßenverkehr antreffen und die uns in der Regel kaum emotional bewegen, plötzlich zu ganz besonderen werden, um dann in seltenen Fällen sogar als Ausgangspunkt paranoider Überzeugungen zu dienen, dass es sich dabei um Autos der eigenen Verfolger handelt. Ein solches im Rahmen dieser Entzügelung auftretendes Gefühl des Unheimlichen und Bedrohlichen kann auch im Zusammenhang mit einem Essen, zu dem man von einer suspekt erscheinenden Person eingeladen wurde, zu einem Aufbauelement eines Vergiftungswahnes werden. Zentrale Ursache dafür sind eben jene fehlleitenden Emotionen, die ohne unser Zutun die Wahrnehmungen begleiten und die in manchen Fällen so intensiv sind, dass sie uns starkes Unwohlsein bereiten und damit Gefahr signalisieren, was in der Folge falsche Interpretationen von banalen Situationen nach sich ziehen kann. Sinnliche Wahrnehmungen, insbesondere diejenigen im das Gegenstandswahrnehmen begleitenden impressiven Wahrnehmungsmodus, spielen demnach eine ganz zentrale Rolle in unseren Weltinterpretationen. Unsere Wahrnehmungen sind demnach – und das nicht nur im Krankheitsfall, sondern auch ganz allgemein – immer schwerpunktmäßig emotional begründet.

Der Begriff *sinnliches Erfahren* (bzw. sinnliche Erfahrung) wird in diesem Buch als ein Resultat eines komplexen Prozesses angesehen, in dem sinnliche und emotionale Eindrücke eng mit kognitiven Leistungen verknüpft werden. Sinnliche Erfahrungen sind nie allein nur emotionales Reagieren, sie sind aber auch nicht nur kognitives Geschehen; sie umfassen immer beides: Emotion *und* Kognition. Sinnliche Wahrnehmungen sind die Grundlage von sinnlichen Erfahrungen. Im Zusammenspiel mit kognitiven Prozessen, vor allem mit Erinnerungen von früher Wahrgenommenem bzw. Erfahrenem, ermöglichen sie sinnliche Erfahrungen, wobei den Kognitionen eine eher modulierende Funktion zukommt. Auch beim Zustandekommen einer Erfahrung im allgemeinen Sinne, also einer solchen, die sich primär nicht als sinnliche Erfahrung (manchmal sogar fälschlicherweise auch „rationale Erfahrung" genannt) erweist, sind Emotionen von höchster Bedeutung. Wie überhaupt sich eine „rationale Welt" mehr als Fiktion denn als beobachtbare Realität erweist und es in erster Linie Emotionen (und die damit so eng verbundenen Vorurteile) sind, die unsere Welt und damit auch unser Handeln beherrschen. „Unsere Erfahrungen sind ganz fundamental ästhetisch und nicht kognitiv geprägt", diagnostiziert ganz zu Recht der amerikanische Philosoph Thomas Alexander in seinem rezenten Werk *The Human Eros. Eco-ontology and the Aesthetics of Existence* (Alexander 2013 – eigene Übersetzung). Oder noch deutlicher: Nicht so sehr Ideen, sondern vielmehr Emotionen bewegen die Welt! (Musalek & Hobl 2002) Wenn Alexander den Begriff „ästhetisch" verwendet, dann meint er damit „sinnlich". Ebenso wird auch hier im Weiteren „ästhetisch" mit „sinnlich" gleichgesetzt: dort, wo von ästhetischer Wahrnehmung, Erfahrung bzw. ästhetisches Erleben gesprochen wird, ist *sinnliches* Wahrnehmen, Erfahren bzw. Erleben gemeint.

Von *sinnlichem Erleben* (bzw. *ästhetischem Erlebnis*) wird im Folgenden dann gesprochen, wenn das sinnliche Erfahren des Schönen als „Schwellenerfahrung" eine solche Ausdehnung und Intensität erfährt, dass uns das Schöne in unserer ganzen Leiblichkeit durchströmt. Wenn wir vom Schönen in jene geheimnisvolle Schwingung versetzt werden, die wir mit dem Wort Erfüllung zu fassen versuchen („vom Schönen ganz und gar erfüllt sein", „im Schönen aufgehen", „sich im Schönen selbst verlieren" etc.), dann wird sinnliche Erfahrung zum sinnlichen Erlebnis. Sinnliches Erleben ist damit immer auch – zumindest bis zu einem gewissen

Grad – Selbstvergessenheit und in dieser Selbstvergessenheit ein den ganzen Menschen in seiner Leiblichkeit betreffender transformativer Prozess. Nur dort, wo mittels sinnlicher Erfahrung die Schwelle zur tiefgreifenden Transformation überschritten wird, wollen wir von sinnlichem Erleben (ästhetischem Erlebnis) sprechen. Ein solcher transformativer Prozess ist dann in Gang gesetzt, wenn wir im Sich-Schönes-Einverleiben zu Recht vom „Genießen" im engeren Sinn sprechen.

Das Schönheitserleben ist daher auch nicht darauf zu reduzieren, was Hans Ulrich Gumbrecht (2003) in seinen *Epiphanien* als ästhetisches Erleben bezeichnet, nämlich jene erste unmittelbare ästhetische Begegnung im Alltag, die uns noch ganz ohne jeden Anspruch auf Interpretation und Reflexion passiert. Liessmann (2009b) kritisiert die Gumbrecht'sche Begriffswahl, indem er darauf verweist, dass „... der Begriff des Erlebnisses ... in der philosophischen Tradition und im elaborierten Sprachgebrauch zu sehr mit Bedeutung versehen (scheint), als dass (damit) ... diese Unmittelbarkeit und Beiläufigkeit der ästhetischen Begegnung ..." gekennzeichnet werden könnte. Es genügt also für das, was wir als Schönheitserleben bezeichnen, nicht einfach nur, etwas als Schönes wahrzunehmen und zu beurteilen, es genügt auch nicht, etwas als schön zu erspüren – rein kognitives Schönheitsurteil bzw. rein emotionales Schwelgen greifen hier weit zu kurz –, sondern Schönheitserleben beginnt erst dort, wo eine Schwelle in einem leiblichen Aufgehen im Schönen überschritten und damit der Raum des Erlebens betreten wird.

Eine solche terminologische Dreiteilung der Perzeption von Schönem in ein sinnliches (ästhetisches) Wahrnehmen, Erfahren und Erleben ist insofern sinnvoll, als sie uns Ordnungsmöglichkeiten eröffnet, die von großer lebenspraktischer Bedeutung sind. In Zuständen der Anästhesierung, wie sie z.B. im Rahmen von Depressionen oder unter Alkoholeinwirkung auftreten können, ist eine graduelle Verminderung bzw. letztendlich ein völliger Ausfall der verschiedenen Perzeptionsformen zu beobachten. Zuallererst wird das Schönheitserleben als höchste Perzeptionsstufe beeinträchtigt bzw. unmöglich gemacht. Erst bei höheren Graden der Anästhesierung fällt ebenfalls die Schönheitserfahrung weg und bei stärkster Anästhesierung zuletzt auch noch der emotionale Anteil der Schönheitswahrnehmung. Wir können demnach in Zuständen leichter Anästhesierung, wie wir sie beispielweise im Rahmen einer leichten Depression bzw. bei noch geringer Alkoholeinwirkung erfahren, das Schöne schon nicht mehr uneingeschränkt genießen, weil uns dazu die Erlebniskapazitäten abhanden gekommen sind. Ein gewisses Maß an Schönheitserfahrung bleibt hier aber durchaus noch erhalten. Diese rudimentäre Schönheitserfahrung wird dann erst durch größere Alkoholmengen bzw. bei Vertiefung der Depression verunmöglicht. Bei starker Anästhesie geht zuletzt auch die basale Fähigkeit, impressiv wahrzunehmen, so weit verloren, dass vielleicht gerade noch ein „schales" Gefühl übrigbleibt, das übrigens, wenn es so weit kommt, als eher unangenehm erlebt wird. Am Ende dieses Prozesses steht dann nur mehr eine Erinnerung an das Schöne, gefühlt wird es dann nicht mehr. Die Betroffenen berichten im Angesicht des erinnerten Schönen nur noch von einem Gefühl der Gefühllosigkeit.

Umgekehrt bedarf das impressive Wahrnehmen des Schönen, in seiner basalen Form als Angenehmes oder in seiner Negation als Unangenehmes, keiner besonderer Leistung bzw. Anstrengung, wie nicht zuletzt unsere therapeutische Arbeit mit Suchtkranken zeigt, die ein schönes und freudvolles Leben zum Ziel hat. Angenehmes bzw. Unangenehmes wird von der überwiegenden Mehrheit ganz unmittelbar als solches wahrgenommen. Etwas aber darüber hinaus ebenso als schön zu *erfahren*, braucht in der Regel mehr: Hier ist zumindest eine erste Ausrichtung auf das Schöne und eine kognitive Ver- bzw. Bearbeitung vonnöten, die dann in einer kognitiven Urteilsbildung ihren Ausdruck findet. Um Schönes leiblich als Schönes erleben zu können, ist eine besondere Hinwendung und Einstellung zum Schönen, eine Hingabe an das Schöne nötig (vgl. dazu auch Lotter 2004). Diese Hingabe zum Schönen ist der eigentliche Schlüssel zum Genuss als höchster Ausprägungsform des Schönheitserlebens. Die unabdingbare Voraussetzung des Genießens, die besondere Einstellung und Hinwendung zum Schönen wollen wir im Folgenden als ästhetische Haltung bezeichnen.

Philosophische Überlegungen zur ästhetischen Haltung im Perzeptionsprozess des Schönen reichen bis in die Antike zurück. Man kann hier durchaus von einer Tradition der ästhetischen Haltung sprechen, der in unserem Kontext dritten Tradition des abendländischen Schönheitsdiskurses. Ihr kommt zwar im Vergleich zu den beiden anderen von mir ausgemachten Traditionen der „Dingästhetik" und der „Erlebensästhetik" eher eine untergeordnete Rolle zu. Das berechtigt allerdings keineswegs dazu, sie einfach außer

Acht zu lassen, trägt doch ein vertieftes Wissen um die ästhetische Haltung wesentlich zu unserem heutigen Verständnis des Schönheitserlebens bei. Schon Platon und Aristoteles wussten, dass uns das Schöne nicht einfach nur affiziert, sondern dass eine besondere Form der menschlichen Potentialität, der Hinwendung zum Schönen erforderlich ist, um Schönes als solches erfahren und erleben zu können. Auch Dante Aligheri betonte in seiner Divina Comedia – sowie im Übrigen später ebenso Hume, Kant, Schopenhauer, natürlich Nietzsche und darüber hinaus viele kontemporäre Philosophen – die Notwendigkeit einer ästhetischen Haltung als Grundvoraussetzung für eine vertiefte Schönheitserfahrung bzw. um überhaupt das Schöne als solches in all unserer Leiblichkeit erleben zu können (Giovannelli 2012). Kontroversen finden sich hinsichtlich Fragen wie, ob es sich nun bei dieser „ästhetischen Haltung" mehr um eine Form der emotionalen Einstimmung oder eher um eine kognitionsbetonte Einstellung auf Besonderes handelt, ob mit ästhetischer Haltung ganz einfach nur eine besondere Fokussierung auf das Schöne, also eine bestimmte Form einer auf das Schöne ausgerichteten Aufmerksamkeit bzw. Achtsamkeit gemeint sein soll (Bullough 1912; Stolnitz 1960; Dickie 1964; Giovannelli 2012a). Im Folgenden ist, wenn von ästhetischer Haltung die Rede ist, nur eine bestimmte Form einer auf das Schöne ausgerichteten Aufmerksamkeit bzw. Achtsamkeit gemeint. Das Einnehmen einer ästhetischen Haltung („aesthetic attitude"), also die Fokussierung auf unsere Welt aus einer ästhetischen Perspektive heraus, ermöglicht es uns erst, Schönheitskoordinaten zu legen, in denen wir dann das Schöne mit seinen Kraftvektoren lokalisieren und dingfest machen können (Bernegger 2011). Ästhetische Haltung wird hier als besondere Form des Lebenszuganges weitgehend mit ästhetischem Denken gleichgesetzt, das uns dann die Möglichkeit der Reflexion des als Schönes Wahrgenommenen, Erfahrenen und Erlebten in besonderer Weise eröffnet.

Abschließende Bemerkungen zum Begriff des Schönen

Betrachtet man jede der drei genannten Traditionen des Schönheitsdiskurses getrennt, tritt deutlich hervor, dass jede von ihnen zwar ihren unverzichtbaren Stellenwert in der Geistesgeschichte des Schönen hat, jede für sich in ihren Schlussfolgerungen und Erklärungsfiguren aber viel zu kurz greift, um uns das komplexe

Phänomen des für uns Schönen umfassend verstehen zu lassen. Natürlich gibt es das „Dingschöne", das ganz unmittelbar in seiner Schönheit, in seinem Glanz und seiner Klarheit auf uns wirkt und uns auf diese Weise gefangennimmt (Kovach 1961). Denken wir nur an jene Momente unseres Lebens, in denen wir im wahrsten Sinne des Wortes vom Schönen überwältigt werden, sei es durch ein Abendrot, einen Regenbogen oder beim Anblick eines Gemäldes. Oder denken wir an jene unvergesslichen Augenblicke eines verliebt in die Augen des Anderen Schauen. In all diesen Fällen wirkt das Schöne so intensiv auf uns, dass wir uns ihm gar nicht entziehen können. Hier braucht es kaum eine besondere Einstellung bzw. Haltung, um Schönes als Schönes wahrzunehmen. In den genannten Momenten haben wir auch nicht den Eindruck, dass wir selbst es sind, die etwas zum Schönen machen, sondern wir erleben das Schöne als etwas uns im Gegenüberstehen Gegebenes; und doch sind wir es auch hier, die solche Erlebnisse überhaupt erst ermöglichen. Wenn wir nämlich an einer Depression erkranken, die ihrerseits dazu führt, dass wir nicht mehr so viel und so intensiv wahrnehmen, empfinden und erleben können, wie es für ein ästhetisches Wahrnehmen, Erfahren bzw. Erleben erforderlich wäre, dann werden wir von all diesem Schönen nicht mehr „überwältigt". Gleiches gilt im Übrigen für jene Fälle gesunden Daseins, in denen wir, aus welchen Gründen auch immer, ganz im rechnerischen Denken, also ganz im ökonomischen Weltzugang verhaftet bleiben. Auch da kann es passieren, dass wir achtlos am überwältigend Schönen vorbeigehen, es gar nicht als solches in all seinen Aspekten erfahren und erleben können, weil wir in unserer Aufmerksamkeit ganz und gar auf anderes fokussiert sind. Selbst dort, wo also das Dingschöne „überwältigend schön" ist, braucht es zumindest einen gewissen Grad an ästhetischer Haltung, um uns ein Wahrnehmen, Erfahren und Erleben des Schönen möglich zu machen.

Ohne Zweifel können wir Menschen das Wahrnehmen, das Erfahren und das Erleben von Schönem mittels Entfaltung und Weiterentwicklung unserer primären Wahrnehmungs-, Erfahrens- und Erlebnisfähigkeiten auch verbreitern, intensivieren und vervollkommnen. Es wird uns dann auch möglich, nicht nur von sich aus schon überwältigend Schönes als solches zu erleben, sondern nahezu in allem auch sein Schönes zu erkennen und zu erleben. Es ist offenbar recht einfach, etwas als schön zu erleben, das auch als Schönes von vielen anderen als solches anerkannt wird, während manch anderes viel Geduld und Hinwendung erfordert, um noch als schön erlebt werden zu können. Unabhängig davon, ob etwas allgemein als schön anerkannt wird oder nicht, können wir davon ausgehen, dass wir immer dann etwas als Schönes erleben können, wenn wir uns auf das komplexe Wechselspiel von Dingschönem, Haltungsschönem und Erlebensschönen einlassen. Es ist das Wechselspiel der schönen Eigenschaft eines bestimmten Dinges oder einer besonderen Situation, der ästhetischen Haltung und Fokussierung sowie des Erleben-könnens und -wollens des Schönen, das etwas Schönes für uns zum Schönen wird. Schönheitsperzeption in vollendeter Form stellt sich somit als ein hochkomplexes Geschehen dar, das von unserer Hand aktiv entfaltet und weiterentwickelt werden kann. Mit anderen Worten: Wir machen das Schöne zu unserem Schönen, indem wir es in uns zum Schönen reifen lassen; das uns gegebene Schöne, das Dingschöne, ist uns dabei Ausgangspunkt.

Damit wird doch einigermaßen gut nachvollziehbar, wie das für uns Schöne in unsere Welt kommt, weitgehend ungeklärt bleibt allerdings weiterhin, was das eigentliche Wesen des Schönen sei. Mehr noch: Je umfassender man sich mit dem Schönen beschäftigt, desto unschärfer und verschwommener wird dieser Begriff; ja man ist sogar versucht zu sagen, desto mehr entzieht er sich einem, desto mehr verschwindet er. Vielleicht hängt unsere Unfähigkeit, das Wesen des Schönen zu erfassen, aber „auch (nur) damit zusammen, dass wir uns an einer falsch gestellten Frage abarbeiten ..." (Reinhard 2013). Und vielleicht ist nicht einmal so sehr die falsche Fragestellung das Problem, sondern eher der falsche Ausgangspunkt in unserem Fragen nach dem Schönen. Der deutschsprachige Diskurs (und nicht nur dieser) um das Wesen des Schönen bezieht sich ja auf die Aufklärung dessen, was wir mit den Substantiven „Schönes" bzw. „Schönheit" bezeichnen. In beiden Fällen handelt es sich um Substantivierungen und damit auch Essentialisierungen einer Eigenschaft, die wir vereinbarungsgemäß mit dem Adjektiv bzw. Adverb „schön" belegen. Auf diese Weise wird etwas zu einem Ding, das eigentlich gar kein Ding ist. Es wird gleichsam ein Ding ohne Essenz geschaffen. Durch diese Substantivierung einer Eigenschaft wird diese also zu einem Ding und damit eben aber nur scheinbar „essentialisiert", also zu einer Wesenheit gemacht, ohne eine solche eigentlich zu sein. Untersucht man dann diese Wesenheit auf ihren Wesensgrund, kann ein solcher verständlicherweise nicht gefunden werden. In dieser Hinsicht ist die Unbeantwortbarkeit der Fragen nach dem Wesen und Wesensgrund des Schönen einer prinzipiellen Möglichkeit unserer Sprache geschuldet, nämlich durch Substantivierung von Adjektiven und Adverben „Pseudowesenheiten" zu schaffen, die für Fragen nach dem Wesensgrund gar nicht geeignet sind.

Philosophische Diskurse, die in Sprachen geführt werden, in denen solche Substantivierungen nicht möglich sind, kennen daher auch das Problem des Wesens und des Wesensgrunds des Schönen nicht. So gibt es z.B. im Chinesischen „das Schöne" oder die „Schönheit" nicht, da die chinesische Sprache an und für sich keine morphologische Unterscheidung zwischen Adjektiv und Substantiv kennt. Der französische Philosoph François Julien (2012) führt dazu aus: „(Die chinesische Sprache) ... isoliert vom Wort ‚schön' (mei) keine reine ästhetische Bedeutung, die das Denken in der Folge hypostasieren könnte ... Denn, was die europäische Sprache mit einem monopolhaften, um nicht zu sagen ausschließlichen Terminus bezeichnet – schön oder kalos – hat das Chinesische einer viel größeren Vielfalt von Ausdrücken und Formulierungen überlassen, die über ein ganzes Gitterwerk von Korrelationen verstreut ist. Das Wort ‚mei', das wir heute mit ‚schön' übersetzen und das mittlerweile als patentierte Entsprechung für unseren Begriff dient, dominiert nicht, zumindest nicht in der Tradition" (Jullien 2012).

Das soll aber nicht heißen, dass wir nun auf den Begriff „Schönes" verzichten sollten. Er kann uns, auch wenn wir mit ihm nicht mehr eine besondere Wesenheit verbinden, noch immer als Sammelbegriff für alle verschiedenen Ausprägungsformen des Schönen dienen. Die zentrale Frage nach dem Schönen lautet dann aber nicht mehr: Was ist das Schöne? – sondern: Was empfindet jeder Einzelne von uns als schön? (Reinhard 2013) – und darüber hinaus: Was ist konkret gemeint, wenn jemand etwas als schön bezeichnet, von welchem Schönen wird dann gesprochen? Ist es das Glänzende, das Leuchtende, das Wohlbefinden Erzeugende, das Anmutige, das Begeisternde, das Berauschende, das Ausgewogene, das Wohlgeformte, das Wohlproportionierte, das Freude Bereitende, das Genussvolle oder doch vielleicht noch ein anderes Schönes, das hier gemeint ist? Ein Mädchen ist nämlich nicht einfach nur schön, weil es schön ist – um auf den berühmten Satz des Hippias („ein schönes Mädchen ist schön") zu rekurrieren. Dieses Mädchen wird als schön bezeichnet, weil seine Augen glänzen (und sie damit schön sind), weil sein anmutiges Lachen begeistert (und es damit schön ist) und/oder weil ihr Körper wohlproportioniert ist (und er somit schön ist) und/oder weil der Dialog mit ihr fasziniert (und es damit schön ist, mit ihr zu sein) – oder weil eben alles zusammen schön ist. All das und – wie oben bei der Aufzählung der Wortfamilie des Schönen schon angeführt – noch vieles mehr kann unter dem Begriff Schönes subsumiert werden. Die Worte schön, Schönes, Schönheit fassen damit Vielfältiges und in seinen Interaktionen in der Regel auch Hochkomplexes zusammen.

Die Substantivierung und mit ihr die (Pseudo-)„Substantialisierung" der Eigenschaft *schön* zum Schönen hat neben den vielen Verwirrungen und Verirrungen, die sie mit sich bringt, auch ihr Gutes. Sie motivierte Denker über Jahrhunderte dazu, sich intensiv mit den einzelnen Formen des Schönen und deren Erfassung auseinanderzusetzen, sodass wir heute – wie im kurzen geschichtlichen Abriss des Schönen hier bruchstückhaft vorgelegt – über einen ganzen „Kanon" oder vielleicht besser ausgedrückt über eine reichhaltige bunte Anthologie (anthología [griech.] „Sammlung von Blumen") von Schönem verfügen. Im Folgenden werden „Schönes" und „Schönheit" ausschließlich als Sammelbegriffe verwendet für all jenes, das wir als schön erleben, also all das, was in uns Wohlempfinden, vom nur Angenehmen bis hin zur Berauschung auslöst. Das Schöne führt ganz „unmittelbar, nicht erst durch Überlegung oder durch seine Folgen" zum Schönheitserlebnis (Fechner 1876) – das Schöne gefällt als Schönes immer ganz direkt, ohne jedwede Umschweife und Umwege. In dieser Perspektive ist also Hippias Recht zu geben, wenn er auf die Frage, was das Schöne sei, antwortet, dass ein schönes Mädchen schön ist. Zu einem unmittelbaren Schönheitserleben braucht es „schöne" Gegenstände (oder Menschen), aber eine von uns eingenommene besondere ästhetische Haltung und ein uns gegebenes bzw. von uns kultiviertes Erlebnisvermögen. Ohne Zweifel erleichtert ein schöner Gegenstand das Einnehmen einer ästhetischen Haltung und das Erleben von Schönem. Umgekehrt wissen wir aber auch, dass, wenn wir aufgrund eines Krankheitsgeschehens, z.B. einer Depression, unsere Fähigkeit, Schönes zu erleben, verlieren, auch ein noch so schöner Gegenstand eben nicht mehr als schön erlebt werden kann. In der Regel braucht es zum In-die-Welt-Setzen des Schönen demnach alle drei: das Gegenstandschöne, das Haltungsschöne und das Erlebensschöne – also einen schönen Gegenstand, die Fähigkeit, Schönes wahrnehmen, erfahren und erleben zu können, und nicht zuletzt die besondere Form der Zuwendung und Achtsamkeit, die wir als ästhetische Haltung bezeichnen. Erst durch das virtuose Zusammenspiel dieser drei wird etwas zu dem, was wir als Schönes wahrnehmen, erfahren und erleben können. Von *diesem* Schönen in all seiner wunderbaren Vielfalt wird im folgenden Diskurs zum Willen des Schönen die Rede sein.

Der Wille zum Schönen als Naturkraft

„Feigenbaum, seit wie lange schon ists mir bedeutend,
wie du die Blüte beinah ganz überschlägst
und hinein in die zeitig entschlossene Frucht,
ungerühmt, drängst dein reines Geheimnis.
Wie der Fontäne Rohr treibt dein gebognes Gezweig
abwärts den Saft und hinan: und er springt aus dem Schlaf,
fast nicht erwachend, ins Glück seiner süßesten Leistung."
Rilke RM, Duineser Elegien VI

Das Schöne ist schön – und nichts weiter! Es ist also durchaus Hippias Recht zu geben, wenn er auf die Frage, was das Schöne sei, antwortet: Ein schönes Mädchen ist schön. Aber ist das schon alles – nichts weiter?! Natürlich ist nicht nur ein schönes Mädchen schön; auch eine schöne Situation ist schön, ein schönes Auto ist schön, ein schöner Raum ist schön, eine schöne Statue ist schön, ein schöner Moment ist schön etc. So genau wir aber im Einzelfall wissen, ob etwas (für uns) schön ist oder nicht, so wenig ist es möglich, eine allgemein gültige Definition des „Wesens" des Schönen zu finden. In der Tat scheint das Schöne, auf nichts weiter zu reduzieren zu sein als auf die Eigenschaft schön. Als „Ausdruck einer unhintergehbaren Dimension der menschlichen Existenz ..." (Liessmann 2010) wäre das Schöne eben ein Schönes und nichts sonst. Das Schöne ist aber nicht einfach nur schön. Etwas Schönes kann von uns nicht nur als solches einfach auf Distanz wahrgenommen und registriert werden. Schönes hat auch Wirkung auf uns, es wirkt auf uns und bewirkt etwas in uns. Es wirkt auf uns, indem es uns anzieht; und es wirkt in uns, indem es uns emotional bewegt. Das Schöne verweist nicht nur auf etwas, wie dies Henri Beyle alias Stendhal (1842/1979) behauptet, sondern es kann auch etwas in mir und im anderen bewirken. Schönes kann uns innerlich bewegen, es kann uns emotionalisieren. Es bewegt uns aber auch in der Art, dass es uns allgemein Kraft verleiht. Anziehungskraft, Wirkkraft und Kraftquelle sind allesamt Aspekte des Schönen. Das Schöne ist für uns attraktiv, es zieht uns an und oft auch in seinen Bann, in seiner Wirkung auf uns bringt es uns in emotionale Bewegung und zu guter Letzt setzt das Schöne auch Lebensenergie frei, Kraft zum Leben.

Das Schöne bewegt uns demnach in mehrfacher Hinsicht. „Considerate universam creaturam, caelum, terram, mare, quae in caelo, quae in terra, quae in mari ... movent vos ista? Movent plane, quare? Quia pulchra sunt“, sagt Augustinus in seinen Sermones (Augustinus 2012) und verweist damit im Besonderen darauf, dass alles, was wir auf der Erde, im Meer und am Himmel beobachten, nicht nur als solches von uns erfahren werden kann, sondern uns all das Schöne auch ganz offensichtlich bewegt. Es bewegt uns, weil es eben schön ist! Das Schöne zieht uns also in seinen Bann. Dieses „in Bann ziehen“ ist ein Zweiseitiges: Einmal ist es das Schöne außen, das uns innerlich in seinen Bann zieht, gleichzeitig fühlen wir aber auch in uns, dass wir von innen zum äußerlich Schönen gedrängt werden. Schönheitserleben ist damit sowohl ein „Ziehen“ wie auch ein „Drängen“. Wir werden vom schönen Ding angezogen, gleichzeitig drängt es uns zum schönen Ding. Hier zeigt sich uns zum ersten Mal im wahrsten Sinne des Wortes auf eindrucksvolle Weise jene auf uns und in uns wirkende Urkraft zum Schönen, nämlich der *Wille zum Schönen*. Dieser Wille zum Schönen entäußert sich hier vorerst in Form eines inneren Drängens, eines der Herkunft nach obskuren Gedrängt-seins zum Schönen, das wir dann aber auch als Anziehungskraft des Schönen deuten und erleben.

Das Schöne zieht uns aber nicht nur in seinen Bann. Ganz unabhängig davon, ob wir dieses „in den Bann ziehen“ nun als Anziehungskraft oder als inneres Gedrängt-sein zum Schönen erleben, bringt es uns auch in eine innere Bewegung – und das wiederum in zweifacher Weise: Zum einen bringt es uns in eine affektive Bewegung und damit in besondere Erlebenszustände; wir sind bewegt vom Schönen, es affiziert uns nicht nur, sondern es bringt uns unmittelbar, also auch ohne unser bewusstes Zutun, in besondere Zustände affektiver Bewegtheit, die wir dem zuordnen, was wir üblicherweise als Wohlgefühl bzw. Lusterleben bezeichnen. Hier ist eine nicht weiter reduzierbare Urkraft am Werk, also ein Wille, der uns ganz unmittelbar Schönes in affektiver Bewegtheit erleben lässt. Der Wille zum Schönen zeigt sich somit auch in jenen mit dem Schönen unmittelbar in Erscheinung tretenden affektiven Bewegungen. Dabei bewegt uns nicht ein von außen an uns herankommendes Schönes, wir sind es selbst, die sich in unserem Schönheitserleben affektiv bewegen. Der uns inhärente Wille zum Schönen ist es, der uns bewegt; er ist Beweger der Affekte. Das außenstehende, das uns gegenüber stehende Etwas, das von uns als Schönes identifiziert und bezeichnet wird, vermag aber ganz offensichtlich diese innere Kraft auszulösen. Die Kraft selbst aber, diese archaische, nicht weiter erklärbare Urkraft, die uns in emotionale Bewegung versetzt, kann natürlich nur eine in uns und von uns sein. Es ist der in uns wohnende und auf uns wirkende Wille zum Schönen, der in der für uns dem Schönen gegenüber erlebbaren emotionalen Bewegung in Erscheinung tritt.

Über diese im Angesicht des Schönen unmittelbare emotionale Bewegtheit hinaus bewegt uns das Schöne zum anderen als allgemeine Kraftquelle. Wir sagen zu Recht: Das Schöne verleiht uns Kraft – und wir erleben es auch so. Schönes gibt uns wirklich ganz unmittelbar Kraft. Denken wir nur an einen schönen Sommermorgen mit Sonne und einem zarten Lüftchen, um wie viel kräftiger fühlen wir uns da als an einem windigen feucht-kalten Spätherbsttag? Oder wie viel kräftiger sind wir beim Wandern in einer wunderschönen Landschaft als beim Gehen auf einem Laufband in einem muffigen Sportsaal? Oder wie viel Kraft gibt uns eine schöne Beziehung und wie viel Kraft kostet uns eine nicht mehr schöne? Als Kraftgenerator wird das Schöne zu unserer zentralen Triebfeder und damit zum grundlegenden Bewegungsmoment unseres Daseins. Auf diese Weise wird also der Wille zum Schönen erfahr- und erlebbar, als eine in und auf uns wirkende allgemeine Urkraft. Das Schöne ist aber nicht nur für unser menschliches Dasein unverzichtbare Kraftquelle, sondern es ist auch, wie später noch mit einigen Beispielen zu illustrieren sein wird, eine Kraftquelle für Tiere, in jedem Fall zumindest eine lebensbestimmende Urkraft für Säugetiere – und möglicherweise darüber hinaus vielleicht sogar auch eine für Pflanzen. Ja mehr noch: Nach all dem, was wir heute über den Kraftgenerator Schönes und dessen Wirkungen wissen, handelt es sich dabei nicht nur um die Produktionsstätte einer „blinden", also ziel- und richtungslosen Naturkraft, sondern der Wille zum Schönen ist vielmehr eine zentrale Ordnungskraft unserer Welt.

Das Gegebene und das Gemachte, Natur und Kultur, Subjekt und Objekt

Wenn nun im Zusammenhang mit dem Willen zum Schönen hier immer wieder von einer Naturkraft, sogar von *der* Naturkraft schlechthin gesprochen wird, dann muss zuvorderst der Frage nachgegangen werden, was unter „Natur" zu verstehen ist. Natur ist ein mehrdeutiger Begriff, mit dem in der Regel all das bezeichnet wird, was ohne Zutun des Menschen um uns herum existiert: also die Gesamtheit der Tiere, Pflanzen, Gewässer und Gesteine auf der Erde oder in einem bestimmten Gebiet. Aber auch alle geistigen, seelischen, körperlichen oder biologischen Eigentümlichkeiten und Eigenarten von Menschen und Tieren, die diese vorbestimmen – die sie also nicht im Laufe ihres Lebens erst erworben oder selbst entwickelt haben – werden als *Natur* von diesem oder jenem Menschen bzw. von diesem oder jenem Tier ausgegeben. Ähnliches gilt auch für ursprüngliche Beschaffenheiten, Zustände oder Bewegungen, die nicht von Menschenhand geformt wurden (Duden 2013). Darüber hinaus spricht man davon, dass etwas von Natur aus so oder eben nicht so ist, und meint damit, dass dies vom Ursprung oder von Beginn an her so ist oder eben nicht ist. Die Bezeichnung „von Natur aus" steht somit immer auch für das Eigentliche, für das nur so und nicht anders Seiende, für das unverrückbar Richtige, weil eben das uns von Natur aus Gegebene.

In einer Zeit, in der die sogenannten Naturwissenschaften ganz eindeutig das Wissenschaftsprimat innehaben – für manche sogar überhaupt die einzige Form „objektiver Wissenschaft" darstellen –, werden die Bezeichnungen „Natur von etwas", „von Natur aus" bzw. „natürlich" zu wirkungsvollen Kampfmitteln gegen das nur Subjektive. Jeder, der in einer Diskussion die Natur auf seiner Seite hat, verfügt damit scheinbar über das stärkere Argument: Wenn etwas von Natur aus ist, demnach „objektiv" so ist und auch gar nicht anders sein kann, kann dem nur mehr eine subjektive Meinung entgegengesetzt werden, die aufgrund ihrer „Subjektivität" in einer positivistischen Weltsicht natürlich viel weniger Gewicht hat als ein „objektiver Tatbestand". Dass die Behauptung, etwas sei von Natur aus so und nicht anders, von einem Subjekt stammt und daher letztendlich ebenso nur subjektiv sein kann (wie eben alles von uns Menschen Geformte, Gemachte und Gesagte) wird dabei geflissentlich übersehen bzw. einer ungezügelten Wissenschaftsgläubigkeit frönend schlichtweg negiert.

Mit den Bezeichnungen „Natur" bzw. „von Natur aus" wird heute also üblicherweise all jenes belegt, das uns Menschen vorgegeben ist bzw. das uns zumindest als ein solches Vorgegebenes erscheint – all das, was ganz ohne unser Zutun Bestand hat bzw. Wirkung zeigt und auf diese Weise uns immer unmittelbar gegeben ist. Naturkraft ist demnach das, was wir ganz unmittelbar als

Kraftquelle erspüren bzw. erleben, jene Kraftquelle, die schon vor unserem Zutun Bestand hat. Das war nicht immer so. Noch im Mittelalter wurde das von uns unmittelbar sinnlich Wahrgenommene keineswegs als „Natur von etwas" bezeichnet. Mittels sinnlicher Wahrnehmung war in damaliger Sichtweise die Natur gar nicht wahrnehmbar. Das uns von Natur aus Gegebene ist nach damaliger Anschauung nämlich allein schon durch unsere sinnliche Wahrnehmung und damit „durch die Unzulänglichkeiten alles Irdischen, unter Umständen sogar durch das Böse getrübt" (Brunner 2015). Nur das hinter dem sinnlich Wahrgenommenen Stehende, also die „Schöpfungsidee" selbst wurde damals als Natur bzw. Naturgegebenheit akzeptiert.

Diese mittelalterliche Anschauung steht ihrerseits in engem Verwandtschaftsverhältnis zur Ideenlehre Platons. Auch Letztgenannter sieht in den Ideen den objektiven Wahrnehmungsgrund, während das sinnlich Wahrgenommene eben nur mehr die von uns und unseren Wahrnehmungsmöglichkeiten beschränkte Natur abbildet. Diese Ideen, die im Mittelalter als Schöpfungsideen weiterlebten, machen nach Ansicht Platons zwar sinnliches Wahrnehmen überhaupt erst möglich, gleichzeitig bleiben sie uns aber in unserer Wahrnehmung verborgen. Wir können sie denken, es ist uns aber unmöglich, sie selbst in ihrer Ganzheit zu erfahren. All unsere Erfahrung ist immer mitigiert und gleichzeitig damit auch begrenzt von unseren subjektiven Wahrnehmungsmöglichkeiten.

Wenn im Folgenden nun vom Willen zum Schönen als „Naturkraft" zu sprechen sein wird, ist damit keinesfalls eine solche hinter dem Wahrnehmbaren liegende Idee bzw. Schöpfungsidee gemeint. Es ist hier vielmehr die Rede von eben jener ursprünglichen Kraft bzw. Kraftquelle, deren Herkunft uns zwar im Dunkeln bleibt, die aber als solche von uns doch ganz unmittelbar gespürt und erfahren werden kann. Naturkraft heißt auch Urkraft; die hier angesprochene Kraft ist eine, die uns von vornherein (ob wir es nun so wollen oder nicht) gegeben ist. Wenn wir den Willen zum Schönen nun als eine Naturkraft im Sinne einer Urkraft auffassen und ihn damit als ein uns (ursprünglich) Gegebenes ansehen, dann gilt es, bevor wir uns der Phänomenologie dieser Urkraft zuwenden, das Spannungsfeld zwischen dem uns Gegebenen und dem von uns Gemachten (bzw. von uns Gedachten) diskursiv auszuloten.

Es ist weitverbreitete Praxis, dem uns (von Natur aus) Gegebenen einfach das (von uns selbst) Gemachte gegenüberzustellen – ganz so, als wären die beiden voneinander völlig unabhängige Gegensätze. Johannes von Mallotki (1929) bemerkt dazu in seinem Aufsatz „Das Problem des Gegebenen“: „ ... das Gegebene (wird) ja vielfach in einen gewissen Gegensatz zum Denken gebracht, und die Überzeugung, die diesen Gegensatz trägt, geht davon aus, dass in dem Phänomen des Gegebenen etwas zum Ausdruck kommt, das in seinem Bestande durchaus gesichert vom Denken einfach hingenommen werden muss, ja darüber hinaus diesem selbst erst eigentlich eine sichere Basis schafft ... das gegebene Material, das in seiner Tatsächlichkeit von jeder subjektiven ‚Zutat‘ frei ist ...“. Das Gegebene wird dabei zu einem „von Natur aus“ Gegebenen, also zu einem immer schon in der Welt Vorhandenen, während das Gemachte im Gegensatz dazu immer nur ein von uns Menschen Gemachtes, von uns selbst in die Welt Gesetztes bleibt. Wenn das Gegebene einem von uns Gemachten bzw. von uns Gedachten gegenübergestellt wird, wird damit auch zum Ausdruck gebracht, dass das eine das Tatsächliche, das Faktische und damit auch das Objektive ist, während das Andere, das Gemachte und Gedachte, doch immer etwas Subjektives bleibt und dementsprechend in seinem Wahrheitsgehalt auch unter bzw. hinter dem Erstgenannten einzureihen ist.

Dieses Denken in unversöhnlichen Gegensätzen finden wir keineswegs nur in Diskussionen um das Gegebene und das Gemachte. Es handelt sich hier vielmehr um ein ubiquitär verbreitetes Denkmuster. So stellen wir z.B. dem Kalten das Warme gegenüber, dem Guten das Schlechte, dem Braven das Schlimme, dem Schweren das Leichte etc. Die einzelnen Zustandsgrößen werden in der Regel absolut gesetzt, so als ob es eben nur *ein* Schweres und *ein* Leichtes, *ein* Braves und *ein* Schlimmes oder *ein* Kaltes und *ein* Warmes gäbe. Spätestens seit Nietzsche – eigentlich aber bereits seit den Vorsokratikern (Guthrie 2005; Pleger 1991) – wissen wir aber, dass es reine, nichts mit der beobachtbaren Realität zu tun habende Fiktion ist, zu meinen, dass wir in einer bipolaren Welt leben, also in einer Welt, die geprägt ist durch voneinander letztendlich unabhängige und unversöhnlich getrennte Gegensätze.

Unsere Welt, in der wir uns bewegen und die wir begrifflich zu fassen trachten, ist vielmehr eine Welt der Kontinua, eine Welt der Übergänge, deren fiktive Endpunkte eben die genannten Gegensätze darstellen. Diese Endpunkte sind deshalb als „fiktive“ zu bewerten, weil das Absolute zwar denkbar (oder eben zumindest postulierbar) ist, uns Menschen in unserer Wahrnehmung als Phänomen aber unzugänglich bleibt. Was ist schon nur gut und hat nicht auch schlechte Seiten, wer ist nur brav und hat gar keine schlimmen Anteile? Noch deutlicher wird die Problematik einer künstlichen Absolutsetzung beim Gewicht: Etwas kann immer noch leichter sein als etwas schon ziemlich Leichtes, womit das vormals noch ziemlich Leichte zum Schwereren und damit letztendlich auch zu einem Schweren mutieren kann. Selbst der physikalische absolute Temperaturnullpunkt ist zwar denkbar (bzw. berechenbar), experimentell aber immer nur annäherungsweise erreichbar (einen absoluten Hitzepunkt, die eben maximal größtmögliche Wärme, setzte man nicht einmal als physikalische Fiktion in die Welt).

Ganz ähnlich verhält es sich beim Gegensatzpaar Gegebenes und Gemachtes. Absolut gesetzt sind beide nicht einfach Gegensätze, die als solche in dieser von uns wahrnehmbaren und erfahrbaren Welt für sich und unabhängig voneinander Bestand hätten, sondern sie sind ebenso fiktive Endpunkte auf einem dazwischen liegenden Kontinuum wie eben das Gute und das Schlechte, das Kalte und das Warme, das Gesunde und Kranke etc. Jedes uns Gegebene ist damit gleichzeitig auch – zumindest bis zu einem gewissen Grad – ein von uns Gemachtes (siehe Abbildung 1: xx = Gegebenes, yy = Gemachtes bzw. Gedachtes).

Abbildung 1

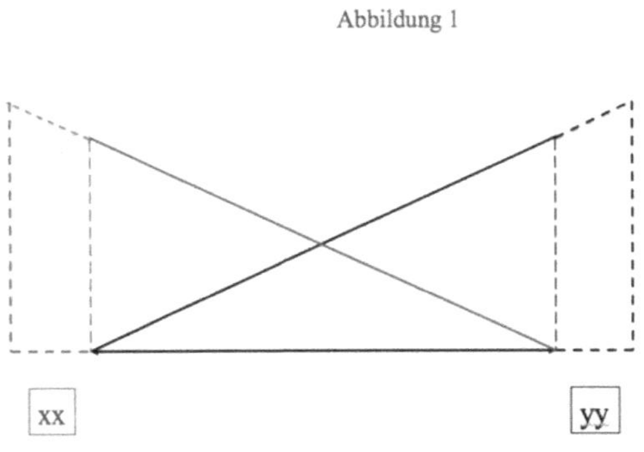

Alles Gegebene wird durch unsere Wahrnehmungs- und Erfahrungsmöglichkeiten zu einem nur *uns* Gegebenen, da bereits Wahrnehmen und Erfahren nicht nur einfache Abbildungsprozesse sind, sondern letztendlich immer auch und ganz wesentlich Schaffensprozesse. Daher kann auch kein von uns wahrgenommenes und erfahrenes Gegebenes ausschließlich Gegebenes sein, also ein Gegebenes, das nicht gleichzeitig auch ein von uns Gemachtes ist. Und umgekehrt braucht jedes von uns Gemachte Anteile des uns Gegebenen. Wir können nichts allein aus uns heraus, gleichsam aus dem Nichts heraus schaffen. Wir sind daher auch nie Weltenschöpfer im strengen Wortsinn, sondern immer nur Welten(er)schaffer – auch wenn hier zugegeben werden muss, dass im alltäglichen Sprachgebrauch die beiden letztgenannten Begriffe oft nicht so streng getrennt sind und „Schaffen" und „Schöpfen" ganz einfach synonym verwendet werden.

Jeder dieser Schaffensprozesse steht auch in einem mehr oder weniger engen Zusammenhang mit einem von uns wahrgenommenen und erfahrenen Gegebenen. Um überhaupt etwas zu machen, zu schaffen bzw. entstehen zu lassen, braucht es demnach als unabdingbare Voraussetzung immer auch ein Gegebenes (Musalek et al. 2010). Vertreter einer positivistischen Weltsicht, die heute noch immer weite Teile der Naturwissenschaften und ganz im Besonderen eine „naturwissenschaftlich-orientierte" Medizin beherrschen, werden nicht müde zu behaupten, dass das uns von Natur aus Gegebene sehr wohl von uns auch als ein solches erkannt werden kann und es daher durchaus Sinn macht, zwischen einem absolut gesetzten Gegebenen, also einem von Natur aus Vorhandenen, als dem Objektiven, auf der einen Seite und einem absolut gesetzten Gemachten, also einem nur von Menschenhand in die Welt Gesetzten und daher immer im Subjektiven Verfangenen, auf der anderen Seite strikt zu unterscheiden. Hauptaufgabe des forschenden Menschen ist es dann, so viel wie möglich von dem schon in der Natur Verborgenen zu erkennen, um damit unsere Erlebenswelt mit so viel wie möglich objektivem Wissen anzureichern, das dann seinerseits als wissenschaftlich fundiertes Wissen in Fachdiskussionen gut und siegbringend dem nur subjektiv Gedachten und Gemeinten entgegengestellt werden kann.

Nun sind positivistische Grundsätze zumindest in ihrer strikten Auslegung und Anwendung heute insofern nicht mehr zeitgemäß, als nach dem derzeitigen Wissensstand bezüglich menschlicher Erkenntnis- und Erfahrungsmöglichkeiten davon auszugehen ist, dass, nachdem schon die Grundannahmen des Positivismus als unerfüllbar angesehen werden müssen, auch positivistisch ausgerichtete Forschungsprojekte als nicht zielführend zu bewerten sind. Die Grundfesten des Positivismus, dieser erstmals vom Mathematiker, Philosophen und Soziologen August Comte (1798-1857) in unsere Welt gesetzten Weltensicht, sind nämlich erstens, dass „alle Begriffe nur eine Bedeutung haben, wenn sie sich am Beispiel der Erfahrung demonstrieren lassen"; zweitens, dass „Realität ... das ist, was mit der Empfindung korrespondiert", und drittens, dass „alle Begriffe ... nur dann eine Bedeutung haben, wenn sie in Bewusstseinstatsachen bzw. in deren assoziativer Verknüpfung ihr letztes Fundament haben" (Braun & Radermacher 1978). Positivismus als „Sammelbezeichnung für all jene Positionen, denen zufolge die Erkenntnis in dem in der Erfahrung gegebenen, dem Positiven begründet ist", fokussiert also zentral „auf die in der Beobachtung bzw. Wahrnehmung gegebenen Tatsachen" (Ulfig 1999). Beobachtung und Wahrnehmung werden hier vorzugsweise als Prozesse der Abbildung von natürlichen Gegebenheiten verstanden, die dann eben auch (unumstößliche) Tatsachen liefern können (Comte 1844/1994).

Dieses Tatsachenpostulat führte nicht nur zu einer raschen Entwicklung sogenannter Naturwissenschaften, sondern trug auch wesentlich zu deren uneingeschränktem Primat gegenüber allen anderen Wissenschaften und im Besonderen gegenüber den sogenannten Humanwissenschaften bei. „Überall in den positiven Einzelwissenschaften identifiziert man das Gegebene mit dem rein Tatsächlichen, und dieses bildet den letzten Erklärungsgrund, über den hinauszugehen für die Einzelwissenschaften nicht nötig ist." (v. Mallotki 1929), womit man in jedem Fall das stärkere Argument im Vergleich zu nur subjektiven Meinungen bzw. zu im Subjektiven verhaftet bleibenden heuristischen Interpretationen in Händen hält. („Wissenschaftlich") Beobachtetes und Wahrgenommenes wird von Positivisten mit dem von Natur aus Gegebenen gleichgesetzt, ganz so, als ob eine naturwissenschaftlich begründete Beobachtung und Wahrnehmung nur deshalb nichts Subjektives mehr wäre, weil sie eben im Rahmen von Projekten mit bestimmten naturwissenschaftlichen methodischen Vorgaben erfolgt. Dabei ist es unnötig zu betonen, dass auch diese vermeintlich Objektivität liefernden wissenschaftlichen Methoden natürlich selbst wiederum vom Menschen entwickelt und in die Welt gesetzt wurden und damit auch im Subjektiven verhaftet bleiben.

Nun kann es nicht Aufgabe dieses Buches sein, eine tiefgreifende und vor allem auch umfassende wissenschaftstheoretische Kritik des Positivismus und der mit ihm assoziierten Wissenschaftspositionen bereitzustellen. Es soll hier nur festgehalten werden, auf welche gedanklichen Grundfeste sich die nachfolgenden phänomenologischen Analysen und Denkfiguren eben *nicht* beziehen, wenn es gilt, den Willen zum Schönen als Naturkraft im Sinne eines von Natur aus gegebenen Urwillens *ästhetisch*-diskursiv auszuloten und auszuleuchten. Ein sich auf positivistische Maximen gründender Diskurs würde schon allein deshalb wenig Sinn machen, als den Ergebnissen der modernen und später der postmodernen Sprachwissenschaften zufolge die Maximen des sogenannten „referentiellen Ansatzes" in der Bedeutungstheorie (Theory of Meaning: „Referential Approach," Rohmann 2001), wie sie für den Positivismus konstitutiv und unverzichtbar sind, nicht länger haltbar sind. Begriff und Objekt sind ganz offensichtlich nicht untrennbar miteinander verbunden. Sie sind nicht, wie im referentiellen Bedeutungsansatz gefordert, ursprünglich eine Einheit, die dann in zwei korrespondierende Hälften gebrochen wurde. Begriffe verändern sich in ihren Bedeutungen von Objekten im Zeitverlauf, sie sind also keineswegs strikt aneinander gebunden. Begriffe werden, wie es Wittgenstein (1953/1998) schon Mitte des letzten Jahrhunderts so markant ausgedrückt hat, nicht zuletzt schon durch ihren Gebrauch in der Sprache in ihren Bedeutungen verändert. Darüber hinaus sind Begriffe und deren Bedeutung auch eng „an historische und kulturelle Kontexte gebunden, was dazu führt, dass Kontextveränderungen unweigerlich auch Veränderungen in den Begriffsbedeutungen nach sich ziehen" (Rohmann 2001; eigene Übersetzung).

Auch die Formen, Arten und Gattungen, die wir in der Natur erkennen, von denen wir meinen, dass sie als solche gleichsam immer schon in der Natur vorhanden waren, um dann später sukzessive von uns Menschen ent-deckt zu werden, sind nicht Naturgegebenes, sondern Machwerk des Menschen. Nietzsche wies uns schon in der zweiten Hälfte des 19. Jahrhunderts vehement darauf hin, dass „die Natur keine Formen und Begriffe, also auch keine Gattungen kennt, sondern nur ein für uns unzugängliches und undefinierbares X" (Nietzsche 1873/1988). Wir sind es somit selbst, die in eine primär form-, arten- und gattungslose Welt, die darüber hinaus auch noch eine begriffslose Welt ist, die uns bekannten Formen, Arten, Gattungen und Begriffe setzen. Die Ordnungen und Einteilungen dieser Welt sind natürlich keine vorgegebenen Ordnungen und Einteilungen, sondern sie sind allesamt von uns geschaffen – was übrigens schon leicht daran zu erkennen ist, dass manche dieser „Weltordnungen" über die Zeit hinweg markante Veränderungen erfuhren.

Auch die Naturgesetze sind demgemäß nicht Gesetze der Natur, sondern Gesetze des Menschen, die er sich für die Erklärung der Natur zurechtgelegt hat; die er sich in dieser besonderen Weise zurechtgelegt hat, um mit deren Hilfe besser mit der Natur, so wie sie ihm letztendlich unbegreiflich gegenübersteht, zurechtzukommen, um also mit ihr besser zielerreichend umgehen zu können. Nietzsche hat den Menschen in diesem Zusammenhang, wie schon im Eingangskapitel festgehalten, als ein großartiges Baugenie gelobt, das auf beweglichem Untergrund „Begriffsdome" zu errichten imstande ist (Nietzsche 1873/1988). Der Mensch baut sich aber seine Begriffsdome nicht nur, sondern er tradiert das selbst Gebaute dann auch so lange, bis er vergisst, dass es seine eigene Erfindung ist und wegen eines „immer schon Vorhandenseins" dann glaubt, es handle sich doch um etwas Naturgegebenes.

Der Glaube an ein nur Naturgegebenes mag zum Teil darin begründet sein, dass, wenn wir etwas wahrnehmen, dann oft auch glauben, dass wir dieses Etwas so wahrnehmen, wie es uns von Natur aus gegeben ist, und zwar genauso, wie es eben wirklich ist. „Man glaubt, wieder und wieder der Natur nachzufahren, und fährt (dabei doch) nur der Form entlang, durch die wir sie betrachten", konstatiert hier Wittgenstein (1953/1998). Und das, obwohl wir es heute eigentlich schon besser wissen müssten. Auch die Ergebnisse der experimentellen Psychologieforschung stützen eindeutig die These, dass Wahrnehmungen und damit natürlich jedwede Erfahrungen zuvorderst menschliche Schaffensprozesse sind. Wenn wir also etwas wahrnehmen, dann bilden wir es nicht einfach so ab, wie es ist; wir sind auch gar nicht fähig, das uns von Natur aus Gegebene so abzubilden, wie es „wirklich" ist, weil wir es ja immer nur so sehen können, wie wir es aufgrund der Beschaffenheit unserer Organe zur Sinneswahrnehmung eben sehen können.

Als Menschen sind wir gerade mit unserem Sehsinn in der recht komfortablen Lage, wesentlich mehr sehen zu können als beispielsweise Hunde oder gar Schnecken. Durch die Beschaffenheit unseres Auges bleibt unser Sehvermögen aber dennoch auf bestimmte Frequenzbereiche beschränkt. Der sogenannte Ultrarot- und Ultraviolettbereich bleibt uns verschlossen. Es ist uns Menschen zwar gelungen, durch Entwicklung technischer Hilfsmittel auch diese Bereiche für unsere Beobachtung zu öffnen, trotzdem bleiben wir in dem prinzipiellen Dilemma verfangen, dass wir eben immer nur das wahrnehmen können, was uns unsere körperlichen und psychischen (und auch von uns entwickelten technischen) Vorgaben ermöglichen. All das sonst noch Naturgegebene, also all das, was sonst noch „wirklich" um uns herum als Naturgegebenes existieren mag – auf dessen Vorhandensein wir zwar oft rückschließen, es aber nicht wahrnehmen können – bleibt uns letztlich verborgen.

Max Scheler (2001) beklagte einmal, dass wir als Menschen nicht wissen, wer wir sind, wir aber gleichzeitig wissen, dass wir es nicht wissen, ja sogar wissen, dass wir es nie wissen werden. Wir wissen, dass wir jemand, dass „wir *wer* sind", wir wissen gleichzeitig aber nicht, wer wir sind, weil wir uns in dieser Absolutsetzung des „wir sind jemand" nicht wahrnehmen bzw. erfahren können – eine solche Absolutsetzung ist zwar gedanklich möglich, aber realiter für uns nicht erfahrbar. Die von uns wahrnehmbare konkrete Vielfalt des Wir wird zu einem nur mehr denkbaren, aber nicht mehr wahrnehmbaren allgemeinen Jemand. Für das hier angesprochene Problem des Gegebenen und des Gemachten heißt das, dass wir die durch Absolutsetzung gebildeten Extremvarianten eines *nur* Gegebenen und eines *nur* Gemachten zwar erdenken können, sie dennoch immer Fiktion bleiben müssen. Wir können auf ein solches absolut gesetztes Gegebenes und auch auf ein absolut gesetztes Gemachtes (bzw. eben nur Gedachtes) zwar denkend schließen, es aber nie realiter mit unseren Wahrnehmungs- und Erfahrungsmöglichkeiten erfassen. In Scheler'scher Diktion hieße das: Wir wissen nicht, was das absolut Gegebene ist; aber wir wissen, dass es ein solches geben kann, weil wir es denken können. Wir wissen gleichzeitig aber auch, dass wir es nie wahrnehmungsgemäß fassen werden können. Es gibt also dieses absolut gesetzte Gegebene und dieses absolut gesetzte Gemachte nur in unserer Vorstellung. Beide sind uns aber dennoch wichtige, ja unverzichtbare Bezugspunkte. Unserer Erfahrungs- und Erlebniswelt bleiben sie jedoch verschlossen.

Erfahrungs- und erlebensmäßig befinden wir uns immer auf dem Kontinuum zwischen diesen beiden fiktiven Extremvarianten (nur) Gegebenes und (nur) Gemachtes (siehe Abbildung 1; xx = Gegebenes, yy = Gemachtes). Beim Tagträumen, dort, wo wir uns von der beobachtbaren Realität abwendend ganz in unseren Wünschen und Vorstellungen verlieren, sind wir ziemlich nahe dem absolut gesetzten Gemachten. Diese Tagträume können hinsichtlich ihrer inhaltlichen Ausgestaltung völlig fernab der beobachtbaren Realität liegen oder aber doch relativ nahe am real Gegebenen. Dementsprechend ist der jeweilige Traum dem nur Gemachten einmal etwas näher, ein andermal etwas entfernter anzusiedeln. Im Prozess der phänomenologischen Intuition hingegen, wenn wir uns mittels einer weit über bloße Empathie hinausreichenden Epoché (Husserl 1939/1999) von unseren Konzeptionen und Vorstellungen nahezu völlig frei zu machen versuchen und uns, all unsere sinnlichen Wahrnehmungsmöglichkeiten öffnend, dem zu erlebenden Phänomen in all unserer Leiblichkeit hingeben (siehe Karl Jaspers 1913/1973), bewegen wir uns direkt auf das absolut gesetzte Gegebene zu – auch wenn wir es auf diese Weise natürlich nicht erreichen können, da wir nie völlig frei von all unseren Vorstellungen und Konzeptionen sind.

Im üblichen Wahrnehmungs- bzw. Erfahrungsprozess bewegen wir uns im Wesentlichen um die Mitte des Kontinuums und sind damit doch relativ weit vom uns von außen Gegebenen entfernt. Wahrnehmen ist ja, wie bereits mehrmals betont, kein passiver Vorgang der Abbildung, sondern immer ein aktives Vorgehen, ein aktives auf das Wahrzunehmende Hinbewegen, im Sinne einer Zuwendung, eines Zugehens, Teilhabens und Teilnehmens – und nicht zuletzt, wie uns die psychologische Wahrnehmungsforschung so eindrucksvoll vor Augen führt: Wahrnehmung ist immer ein Akt des Entwurfs und der Konstruktion (Gegenfurtner 2004; Schönhammer 2013). Der gemeine Wahrnehmungsprozess als Schaffensprozess wird aber ohne Zweifel in erster Linie von dem für uns außen Gegebenen bestimmt. In zweiter Linie wird er von einem uns in unserem Inneren Gegebenen, von unserem „Erfahrungsschatz", von Inhalten des Gegenstandsgedächtnisses, vor allem aber von jenen des emotionalen Gedächtnisses mitgesteuert.

Wenn im Folgenden nun vom Willen zum Schönen als einem Naturgegebenen gesprochen wird, dann eben nur vor dem Hintergrund, dass wir dieses Naturgegebene zwar absolut gesetzt denken können, es sich aber als Gegenstand einer empirische Untersuchung und Überprüfung entzieht. Dennoch sind wir in der Lage, diesem absolut gesetzten und damit rein fiktiven Gegebenen mittels phänomenologischer Intuition im Rahmen ästhetisch-phänomenologischer Analysen näherzukommen. Wenn es nun gilt, den Willen zum Schönen als Naturkraft, als einer uns von der Natur aus gegebenen Kraft, zu untersuchen, wird es im entsprechenden ästhetisch-phänomenologischen Diskurs vor allem um das Ausloten und Aufhellen jener Räume gehen müssen, die auf dem Kontinuum Gegebenes-Gemachtes nahe am Gegebenen zu liegen kommen. Im zweiten Band in dem über die Naturkraft hinaus auf den Willen zum Schönen als „Kulturkraft" fokussiert wird, werden demgegenüber vor allem jene Räume diskursiv zu bearbeiten sein, die näher am Gemachten zu verorten sind.

Das Gegebene wird also als Naturgegebenes gesehen, im Sinne eines uns von der Natur aus Vorgegebenen. Es kann damit auch mit dem Begriff Natur gleichgesetzt werden. Das Gemachte bzw. Gedachte ist immer ein von Menschen Gemachtes bzw. Gedachtes, dementsprechend Ergebnis einer menschlichen Kulturleistung und kann daher mit dem Begriff Kultur gleichgesetzt werden. Natur (als Ober- bzw. Sammelbegriff für alles von Natur aus Gegebene) und Kultur (als Sammelbegriff für all das vom Menschen Gemachte) stehen damit ganz so wie das Gegebene und das Gemachte untrennbar vereint in einem komplexen Wechselverhältnis zueinander. Reine Natur, eine Natur so ganz ohne menschenbedingte Veränderungen, ist ebenso wie ein rein uns Gegebenes zwar prinzipiell denkbar, für uns Menschen aber wahrnehmungs- bzw. erfahrungsmäßig nicht fassbar; schon allein deshalb nicht, weil jeder Prozess der Erfassung immer auch menschenbedingtes Verändern bedeutet. Ein Wissen von der Natur, so wie sie wirklich ist, ist demnach gar nicht möglich. Es ist immer *unsere* (und nicht *die*) Natur, die wir „wahrnehmen", für uns als für-wahr-nehmen.

Das Gegebene wird nicht nur mit einem Naturgegebenen und damit mit Natur gleichgesetzt, sondern oft auch mit einem Objekt und in weiterer Folge mit dem Objektiven. Das von Natur aus Gegebene, das Naturgegebene steht uns Subjekten ja als Objekt gegenüber, womit Natur und Objekt auf gleicher Ebene verortet werden können. Das uns von Natur aus Gegebene wird aber gleichzeitig auch als Objektives dem Subjektiven, also dem (nur) von uns in die Welt Gesetzten gegenübergestellt. Wenn wir es nun schafften, wie es uns positivistische Wissenschaftsansätze glauben machen wollen, ein in der Natur, in diesem Objekt bereits vorhandenes, für uns aber noch verborgenes Wissen zu bergen, dann hätten wir die objektive Wahrheit (vgl. Wahrheit – (griech.) „a-letheia" – das Unverborgene), also die aus dem Objekt geborgene Wahrheit gewonnen und damit auch etwas Objektives in der Hand. Das, was wir aber als Subjekte nur für wahr halten, was unsere Meinung ausmacht (und sei sie noch so wohl begründet), bliebe dagegen, so zumindest die Positivisten, immer nur unsere subjektive Meinung, also immer nur Subjektives.

Da das Gegebene als Naturgegebenes uns Subjekten als Objekt gegenübersteht, sehen wir uns in der Vorbereitung des Diskurses um die Phänomenologie des Willens zum Schönen ganz unvermeidbar auch mit dem sogenannten „Subjekt-Objekt-Problem" (Ulfig 1999) konfrontiert. Mit dem Begriff „Subjekt" (vom lat. „subiectum" – das „Daruntergeworfene"; im griech. „hypokeimenon" – das „Zugrundeliegende" – Grimm & Grimm 1854/1999) wurde in der Antike und auch noch im Mittelalter das „den Eigenschaften Zugrundeliegende, das im Wechsel der Zustände Bleibende und auch das von Denken und Erkennen Unabhängige" benannt (Ulfig 1999). Mit Beginn der Neuzeit, und hier nicht zuletzt auch mit der von René Descartes (1641/2009) entwickelten Erkenntnistheorie, die ein erkennendes Subjekt (res cogitans) von einem diesem gegenüberstehenden Objekt (res extensa) zum Ausgangspunkt hat, verändert sich die Wortbedeutung radikal: Als Subjekt wird fortan das bezeichnet, was uns als (denkendes) Individuum ausmacht. „Man spricht hier von dem psychologischen Subjekt als dem Träger der intentionalen Akte", womit das Subjekt „als ein psychophysisches (leibseelisches) Individuum bestimmt wird" (Ulfig 1999), das den Naturgegebenheiten, den Objekten (vom lat. „obiectum" – das „Entgegengeworfene") gegenübersteht. Subjekt und Objekt werden damit zu Begriffen, die einerseits voneinander abhängig sind – die Verwendung des Begriffes „Objekt" setzt ein Subjekt voraus, dem dieses Objekt „entgegengeworfen" ist – und die andererseits doch für so unvereinbar Differentes stehen.

Bei Immanuel Kant (1790/1995a), der zwischen einem empirischen und einem transzendentalen Subjekt unterscheidet, findet diese Trennung in Subjekt und Objekt ihren Ausdruck im „Ding an sich", das von uns zwar nicht erkannt werden kann, uns aber gegenübersteht und durch unsere Wahrnehmung zum für uns erfahrbaren Ding, zum „Ding für mich (uns)" wird. Kant, der einer sinnlichen Anschauung eine rein intellektuelle Anschauung gegenüberstellt, sieht im Ding an sich ein reines Gedankending, ein „noumenon“ (griech. – das (nur) Gedachte), also ein Ding, das gleichsam hinter dem Ding für uns steht. Als uns gegenüberstehender „Gegenstand“ ermöglicht es uns das Erkennen des Dings für mich, entzieht sich selbst aber der sinnlichen Erkenntnis (Kant 1790/1995a). Er postuliert damit nicht nur ein Objekt, das vom Subjekt völlig getrennt und unabhängig existiert, sondern darüber hinaus, dass ein untrennbarer Zusammenhang zwischen dem Ding-an-sich und dem Ding-für-mich besteht – eine Annahme, die für Nietzsche Anlass zu harscher Kritik wird: Wie kann jemand wissen, dass ein für uns nicht erfahrbares Objekt, das Ding-an-sich, auch wirklich untrennbar mit dem für uns erkennbaren Gegenstand verbunden ist, also gleichsam eine Entsprechung des Dings-für-mich in unserer, für uns erfahrbaren Welt ist, wenn wir doch über keine Wahrnehmungsmöglichkeit verfügen, etwas vom Ding-an-sich und seiner Art und Weise bzw. Beschaffenheit und Nicht-Beschaffenheit zu erkennen.

Eine strikte Trennung von Objekt und Subjekt wurde auch schon weit früher von Johann Gottlieb Fichte (1762-1814) abgelehnt, der in seiner „Ich-Philosophie“ das Subjekt als das Ich bestimmt, „das sich selbst und die Welt setzt“ (Ulfig 1999). „Das Ich setzt sich selbst, und es ist, vermöge dieses bloßen Setzens durch sich selbst; und umgekehrt: Das Ich ist, und es setzt sein Seyn, vermöge seines bloßen Seyns. – Es ist zugleich das Handelnde, und das Produkt der Handlung; das Thätige, und das, was durch die Thätigkeit hervorgebracht wird; Handlung, und That sind Eins und dasselbe; und daher ist das: Ich bin, Ausdruck einer Thathandlung“ (Fichte 1845/1971). Objekte können immer nur in ihrer Beziehung zu einem jeweiligen Ich, also zum Subjekt bestimmt werden. Für Fichte (1845/1971) ist demnach das Subjekt, das Ich, die erste und höchste Realität, aus der dann alle anderen Realitäten der Objekte entstehen. Eine ganz ähnliche Sichtweise hinsichtlich des Subjekt-Objekt-Problems findet sich schon beim Sophisten Prothagoras, der, ohne jedoch das Subjekt-Objekt-Problem als solches zu benennen, in seinem berühmt gewordenen Homo-mensura-Satz die Begrenztheit menschlicher Erkenntnis auf den Punkt bringt: „Der Mensch ist das Maß aller Dinge, der Seienden, dass sie sind, der nicht Seienden, dass sie nicht sind.“ (zit. n. Pleger 1991) Damit wird deutlich, dass wir immer in unserer Subjektivität gefangen bleiben.

Alle Objekte und damit auch alles Objektive ist letztendlich von uns Geschaffenes.

Ernst Bloch (1971) zufolge hob bereits Hegel in seinen theoretischen Überlegungen zum alles beseelenden Weltgeist eine Trennung vom Subjektiven auf der einen Seite und vom Objektiven auf der anderen Seite auf: „Die Vermittlungslehre ließ weder einen haltbaren Abstand des Subjekts vom Objekt noch einen des Objekts vom Subjekt übrig, erkenntnistheoretisch also: des Gegenstands vom Bewusstsein. Nach Hegel versperrt dieser Gegensatz geradezu den Eingang zur Philosophie, und sie muss sich zuvor von ihm befreien ... Die Welt ist aus dem gleichen Stoff wie der im Menschen erkennende Geist, also ist infolge dieser metaphysischen Einheit zwischen Objekt und Subjekt nicht nur kein Hiatus, sondern das Erkennbare leistet dem Erkennenden auch gar keinen irgendwo nur substantiellen Widerstand", lesen wir in Blochs Abhandlung zu *Subjekt – Objekt. Erläuterungen zu Hegel.* Hegel stellt sich damit gegen eine Trennung von Subjekt und Objekt, seine Argumentation ist allerdings eine ganz andere als die von Fichte und Prothagoras. Für Hegel ist letztendlich alles in einem mystischen Geist, in einem alles und allem innewohnenden Weltgeist verbunden, alles ist demnach eins im Weltgeist, womit eine Subjekt-Objekt-Dualität als Ordnungsprinzip nicht mehr sinnvoll erscheint.

Diesem Weltgeist-Postulat Hegels kann und will Bloch zu Recht nicht folgen. Für ihn ist das Hauptargument für eine Überwindung des Subjekt-Objekt-Dualismus, dass wir immer Subjekt bleiben, nur als Subjekte unsere Welt erkennen können und demnach die von uns erkannte Welt, also unsere Welt, immer eine von uns geschaffene und damit eine subjektive ist. Allerdings ist diese unsere Welt nicht eine quasi aus dem Nichts geschöpfte, sondern sie ist eine, die auf dem uns Gegebenem und somit auf uns gegenüberstehenden Objekten aufbaut. Diese Objekte erleben wir als unabhängig von uns, als uns gegenüberstehend, obwohl sie doch, zumindest bis zu einem gewissen Grad, durch unsere Wahrnehmungsprozesse von uns selbst mitgeschaffen sind. Folgerichtig erhebt Bloch dann die Forderung nach einem Brückenschlag zwischen dem, was wir als Objekte bezeichnen, und dem, was wir als Subjekt sind. Für ihn hat sich nämlich, ungeachtet dessen, dass natürlich Subjekt und Objekt insofern eins sind, als jedes Objekt von uns subjektiv wahrgenommen wird und uns damit immer auch zum Subjektiven wird, „die Trennung von Sein und Denken, von Subjekt und Objekt festgesetzt ... aufgrund der Wirkung der historisch gewachsenen Trennung muss man in der jetzigen Welt dennoch davon ausgehen, dass das Subjekt und das Objekt sich noch fremd gegenüberstehen" (Bloch 1971).

Ein Sonderfall von Subjekt-Objekt-Trennung ist überall dort gegeben, wo der Mensch sich selbst als Subjekt zu einem Objekt macht, das es zu erkennen gilt. Karl Jaspers (1971) spricht in diesem Zusammenhang von „Subjekt-Objekt-Spaltung": „Allen ... Anschauungen ist eines gemeinsam: sie erfassen das Sein als etwas, das mir als Gegenstand gegenübersteht, auf das ich als auf ein mir gegenüberstehendes Objekt, es meinend, gerichtet bin. Dieses Urphänomen unseres bewussten Daseins ist uns so selbstverständlich, dass wir sein Rätsel kaum spüren, weil wir es gar nicht befragen. Das, was wir denken, von dem wir sprechen, ist stets ein anderes als wir, ist das, worauf wir, die Subjekte, als auf ein gegenüber-stehendes, die Objekte, gerichtet sind. Wenn wir uns selbst zum Gegenstand unseres Denkens machen, werden wir selbst gleichsam zum anderen und sind immer zugleich als ein denkendes Ich wieder da, das dieses Denken seiner selbst vollzieht, aber doch selbst nicht angemessen als Objekt gedacht werden kann, weil es immer wieder die Voraussetzung jedes Objekt-geworden-seins ist. Wir nennen diesen Grundbefund unseres denkenden Daseins die Subjekt-Objekt-Spaltung. Ständig sind wir in ihr, wenn wir wachen und bewusst sind."

Die Subjekt-Objekt-Spaltung erweist sich damit zum einen als künstlich, als durch den Menschen herbeigeführt – denn natürlich ist jedes Objekt nicht nur einfach Objekt, sondern immer unser Objekt, das Objekt, das uns in unserer Wahrnehmung und Erfahrung gegeben ist. Wir sind niemals ganz beim (im) Objekt, wir bleiben immer – sogar dann, wenn wir uns „vorbehaltlos" sehr auf einen uns gegenüberstehenden Gegenstand einlassen, wie z.B. im Rahmen der phänomenologischen Intuition – im Subjektiven verhaftet: Das heißt, dass der von uns wahrgenommene Gegenstand, das von uns erfahrene Objekt immer auch ein subjektiv wahrgenommenes Objekt bleibt – Objektivität (wie im Positivismus als Wissenschaftskriterium gefordert) liegt daher außerhalb unserer Möglichkeiten. Zum anderen wird aber dieser von uns wahrgenommene Gegenstand, dieses von uns erfahrene Objekt ganz unmittelbar als etwas erlebt, das von uns getrennt ist und außerhalb von uns liegt.

Eine strikte Trennung von Objekt und Subjekt macht demnach wenig Sinn, genauso wenig wie die zwischen dem Gegebenen und dem Gemachten bzw. zwischen Natur und Kultur. Allerdings ist eine Unterscheidung zwischen Objekt und Objektivem in ihren Absolutsetzungen auf der einen Seite und Subjekt und Subjektivem in ihren Absolutsetzungen auf der anderen Seite durchaus sinnvoll. Denn wir können ganz offensichtlich ein und dasselbe von zwei Bezugspunkten aus betrachten bzw. erleben. Einmal nähern wir uns dem Gegebenen von der Objektseite her; mit der Erkenntnis, dass allen Objekten und damit auch allem „Objektiven" immer auch ein „Subjektives" anhaftet. Ein andermal betrachten wir das Ganze von der Subjektseite aus; mit dem Ergebnis, dass rein Subjektives natürlich immer auch Fiktion bleiben muss, da wir, indem wir wahrnehmen, ein uns Gegenüberstehendes, ein Objekt wahrnehmen. Ohne Gegenstand der Wahrnehmung (ohne Wahrzunehmendes) keine Wahrnehmung. Völlig gegenstandslose „Wahrnehmungen" trennen wir von den eigentlichen „realen Wahrnehmungen" begrifflich und sprechen dann folgerichtig von Einbildungen oder Trugwahrnehmungen bzw. von Illusionen und Halluzinationen. Indem wir eine Wahrnehmung als unsere eigene erfahren, machen wir uns (als Subjekte) selbst zu Objekten unserer Wahrnehmung. Was ist dann diese „wahr-genommene" Wahrheit? Immer auch, wie es Nietzsche so treffend ausdrückte, „ein bewegliches Heer von Metaphern, Metonymien, Anthropomorphismen, kurz eine Summe von menschlichen Relationen, die, poetisch und rhetorisch gesteigert, übertragen, geschmückt wurden ..." (Nietzsche 1873/1988), die jedoch nicht einfach gleichsam aus sich selbst heraus entstehen, sondern immer in einer bestimmten Relation zu dem uns Gegenüberstehenden (im engeren Sinne eben nicht „wahr-nehmbaren") entwickelt werden.

Subjekt und Objekt sowie Subjektives und Objektives stehen somit in einem komplexen Wechselverhältnis zueinander und es ist daher Ernst Bloch (1971) nur zuzustimmen, wenn er Brückenschläge zwischen dem Subjekt und dem Objekt fordert. Ein solcher Brückenschlag kann gelingen, wenn wir das Postulat einer bipolar geordneten Welt aufgeben, um dieses durch ein Konzept der Kontinua zu ersetzen – wie es bereits oben angesprochen und in früheren Arbeiten als „Konzept des Dazwischen" ausführlich theoretisch diskursiv abgehandelt wurde (Musalek et al. 2010). Bestimmen wir nämlich das Subjekt und das Subjektive auf der einen Seite und das Objekt und das Objektive auf der anderen Seite nicht mehr als unvereinbare Bipolaritäten ohne ein Dazwischenliegendes, sondern setzen wir sie beide absolut als fiktive Extremvarianten eines dazwischen gespannten Kontinuum, das sich im Gegensatz zu den fiktiven Extremvarianten nicht mehr unserer Wahrnehmung und Erfahrung entzieht, dann wird damit der „unüberbrückbare" Gegensatz von Subjekt und Objekt gelöst und gleichzeitig eben auch die von Ernst Bloch geforderte Brücke zwischen diesen beiden fiktiven Absolutsetzungen „Subjekt" und „Objekt" errichtet (siehe Abbildung 1: xx = Subjekt, yy = Objekt).

Objekt und Subjekt sind dann immer ein und dasselbe und werden nur dadurch zu Unterschiedlichem, dass dieses ein und dasselbe von verschiedenen Perspektiven aus betrachtet wird. Da wir immer nur als Subjekt das Objekt wahrnehmen können, ist und bleibt jedes Objekt immer auch ein vom Subjekt wahrgenommenes Objekt und damit im Subjektiven verhaftetes Objekt. Wir können zwar ein von uns als Subjekt unabhängiges Objekt denken (Kant würde hier von „intellektueller Anschauung" sprechen), in der Wahrnehmungspraxis (in der „sinnlichen Anschauung" – Kant 1790/1995a) bleibt es aber immer ein von uns wahrgenommenes Objekt, denn jedes Objekt bleibt auf diese Weise immer ganz unmittelbar an uns als Subjekt gebunden. Damit leben wir zwar immer in unserer subjektiven Welt und können diese auch gar nicht verlassen. Trotzdem erleben wir die uns gegenüberstehende Welt als eine Welt der Objekte, die uns damit auch zur objektiven Welt wird.

Das bedeutet aber nicht zwangsläufig, dass wir eine Objektivität bzw. eine objektive Wahrheit anerkennen müssen. Unter einem post- bzw. spätmodernen Blickwinkel, von dem aus ganz zu Recht eine Existenz des Objektiven im Sinne von „Objektivität" (als Gegensatz von „Subjektivität") und damit letzte objektive Wahrheiten für unmöglich gehalten werden, kann es eine solche objektive Wahrheit schon allein deshalb nicht geben, weil ja alle uns zugängliche Wahrheit der und über die Natur letztendlich auf unserer Wahrnehmung und Erfahrung von derselben beruht und eben deshalb immer im Subjektiven verhaftet bleiben muss. Jede Wahrnehmung ist eine subjektive Wahrnehmung eines uns Gegenüberstehenden (eines Gegenstandes, eines Objektes) und jede Wahrheit, die auf Wahrnehmung beruht, bleibt daher immer subjektive Wahrheit; und bleibt es dann noch, wenn die Natur selbst als Gegebenes Gegenstand (Objekt) von Wahrnehmung bzw. Wahrheit ist.

Wenn nun im Folgenden vom Willen zum Schönen als Naturkraft die Rede sein wird, dann eben in dem Sinne einer Gegebenheit in der Natur, einer Naturgegebenheit, die wir als eine von Natur aus gegebene Kraft wahrnehmen und damit zu *unserer* Gegebenheit machen. Der Wille zum Schönen wird als ein Objekt aufgefasst, das wir unmittelbar als etwas uns Gegenüberstehendes wahrnehmen und erfahren können und das *auf* uns wirkt, indem es *in* uns wirkt. Durch unser Wahrnehmen kann es sich dabei nicht mehr um eine reine Naturgegebenheit handeln. Selbst dann, wenn versucht wird, mittels phänomenologischer Intuition möglichst nahe an die Natur des Willen zum Schönen heranzukommen, wird dieser immer Teil von uns selbst sein und bleiben. Der Wille zum Schönen bleibt daher stets subjektiv Erlebtes, selbst dann, wenn wir ihn als eine „Naturgegebenheit" erfahren. Als subjektiv Erlebbares ist er aber nicht – wie in den späteren ästhetischen Analysen und Diskursen noch nachzuweisen sein wird – allein deshalb, weil er eben subjektiv erlebt wird, mit bloß Eingebildetem oder gar mit Trugwahrnehmungen gleichzusetzen.

In ästhetisch-phänomenologischen Analysen zum Bestand eines Willens zum Schönen wird daher zuerst nach dem, „was wir wahrnehmen", zu fragen sein – also nach dem, was mit und in uns passiert, wenn wir dem Schönen gegenübertreten – und dann danach, wie wir in diesem Schönheitserleben auch einen Willen zum Schönen als Naturkraft (im Sinne einer von Natur aus gegebenen Urkraft) sinnlich wahrnehmen, erfahren und erleben können. Dabei wird als Vorgangsweise der phänomenologischen Intuition (siehe: Jaspers 1913/1973) zentrale Bedeutung zukommen. Es ist also der Versuch anzutreten, nicht nur argumentativ einen solchen Willen zum Schönen abzugrenzen, sondern mittels Analyse sinnlicher Wahrnehmungen, fernab von vorgefassten Konstruktionen und Konzepten, Gefühltes und Erspürtes jenen zugänglich zu machen, die diesen ästhetischen Analysen und Diskursen folgen wollen.

Die folgenden diskursiven Bewegungen beruhen also vorzugsweise auf deskriptiven Analysen von unmittelbar zu Erlebendem, von Berührt-sein durch das Schöne einerseits und von Hin-gedrängt-werden zum Schönen andererseits und nicht zuletzt vom Spüren des Schönen als innerer Kraftquelle. Der Anblick des Schönen, das Erleben von Schönem verleiht uns Kraft (Bernegger & Musalek 2014). Wir sind dem Schönen nicht nur durch ein Berührt-sein und Hin-gedrängt-werden ausgeliefert. Das Schöne stärkt und bestärkt uns auch. Das Schöne belebt uns und verändert uns. Denken wir hier nur an den Zauber des Schönen, der uns nicht nur bezaubert, sondern auch verzaubert, sowohl spürbar für uns wie auch sichtbar für die Anderen. Denken wir ferner daran, wie sehr uns das Schöne dabei hilft, Schwierigkeiten zu meistern, und das nicht nur im Sinne einer wohltuenden Ablenkung, sondern eben auch durch Mobilisierung von Kraftreserven, die uns ohne Schönes zu erleben verschlossen blieben. Im Fühlen und Spüren des Schönen gewinnen wir Kraft und damit Lebendigkeit (siehe auch: Längle 2015).

Der Wille zum Schönen entäußert sich uns hier ganz unmittelbar als „Naturkraft", als eine uns von Natur aus gegebene Kraft, als eine Kraft, die nicht auf weitere Faktoren als die Naturgegebenheit reduziert werden kann, als wesentlicher Schrittmacher und Motor unseres gesamten Daseins. Das Schöne wird damit zur Triebfeder jedweden menschlichen Werdens. Als ubiquitär wirksame Naturkraft macht sie den Menschen zum lebendigen Menschen (Martin Seel 2010). Die Idee, dass ästhetische Erfahrungen im Allgemeinen und Schönheitserfahrungen im Besonderen einerseits eine Erleichterung und Intensivierung des Lebens und andererseits eine Vermehrung und Entwicklung von vitaler Energie nach sich ziehen, ist so weitverbreitet, dass sie, wie es Mario Perniola (2013) erst kürzlich betonte, eigentlich keines weiteren Diskurses bedürfte. Im Weiteren soll dennoch ein diese Thematik vertiefender ästhetisch-phänomenologischer Diskurs geführt werden, gilt es doch den Willen zum Schönen als zentrale lebens- und existenzbestimmende und vor allem lebensbewegende Naturkraft in all seinen Ausprägungsformen, Facetten und Schattierungen nacherlebbar, verstehbar und damit auch der Kritik zugänglich zu machen.

Wenn wir also den Willen zum Schönen in seinen Erscheinungsformen zusammenfassen, zeigt er sich uns in dreierlei Weise: erstens als innerer Drang zum Schönen, als etwas, das uns affiziert bzw. emotional bewegt; zweitens als Kraftquelle und Energiespender schlechthin; und drittens als Drang, selbst Schönes in die Welt zu setzen, unsere Welt mit Schönem zu bereichern und sie damit zu einer schöneren Welt zu machen. Die ersten beiden Wirkweisen des Willens zum Schönen werden uns in diesem Kapitel, in dem der Wille als „Naturkraft" ganz in Zentrum des Interesses steht, beschäftigen. Die dritte Wirkungsweise, diese Urkraft, die uns dazu drängt, Schönes nicht nur zu fühlen, zu erfahren und zu erleben, sondern solches auch selbst in die Welt zu setzen, wird dann im zweiten Band diskursiv abgehandelt werden.

Der Wille zum Schönen als innerer Drang zum Schönen („Anziehungskraft" des Schönen)

Wir erleben den Willen zum Schönen zum einen, indem wir uns vom Schönen angezogen fühlen, und zum anderen, indem wir uns als innerlich zum Schönen hingedrängt erfahren. Diese von außen auf uns wirkende Anziehungskraft des Schönen und dieser als innere Kraft erlebte Drang zum Schönen werden von uns üblicherweise als zwei unterschiedliche, sich gegenüberstehende Wahrnehmungsmodalitäten aufgefasst und doch stellt das von uns Menschen erlebte „Vom-Schönen-angezogen-Werden" und jenes diesem gegenüberstehende „Zum-Schönen-gedrängt-Werden" letztendlich ein und denselben Vorgang dar. Das Vom-Schönen-angezogen-Werden und das Zum-Schönen-hingedrängt-Werden sind ein und derselbe Prozess, der nur von zwei unterschiedlichen Perspektiven aus betrachtet wird. Einmal betrachten wir den Willen zum Schönen vom „schönen Objekt" aus, wodurch er uns als eine vom Schönen ausgehende Anziehungskraft, die uns bewegt, erscheint. Die Kraft des Schönen wird so zu einer vom Objekt des Schönen herrührenden bzw. ihm entspringenden Kraft und damit selbst zum Objekt, das uns als Subjekten gegenübersteht. Das andere Mal erfahren wir die Kraft des Schönen, als die sich der Wille zum Schönen entäußert, als eine von uns selbst ausgehende und in uns wirksame Bewegung, die uns zum Schönen hindrängt. Wenden wir also unseren Blick mehr auf die uns gegenüberstehenden Dinge (oder auf Situationen), dann erleben wir deren Attraktivität, abgeleitet vom lateinischen trahere (ziehen) und ad (zu), und fühlen uns von diesen „Objekten" angezogen. Gehen wir, ganz in unserer Leiblichkeit fühlend und diese verinnerlichend, in unserem Wahrnehmen von uns selbst aus, dann erleben wir den selben Vorgang als ein inneres Drängen hin zum Schönen und somit als ein subjektives Geschehen. Den Willen zum Schönen erleben wir demnach einerseits als ein inneres Gedrängt-Werden, er wird damit zum subjektiv Erlebten, also Subjektiven. Gleichzeitig erfahren wir ihn aber immer auch als ein Angezogen-werden und damit als ein uns „außen" Gegenüberstehendes, also Objektives.

Unter der Annahme einer Subjekt-Objekt-Trennung stellte sich damit die Frage, ob dieser Wille zum Schönen als Naturkraft nun als ein uns von der Natur aus Gegebenes und uns Gegenüberstehendes wirkt; als eine gleichsam von außen auf uns wirksame Kraft, die primär nichts mit uns gemein hat, außer dass sie eben auf uns wirkt. Oder ob dieser Wille zum Schönen nicht doch vielmehr eine in uns gegebene Kraft ist, die es uns ermöglicht, etwas als schön zu erleben, also letztendlich eine in uns selbst generierte und von uns selbst ausgehende Kraft, die ein uns gegenüberstehendes Etwas erst durch uns selbst zu einem für uns schönen Etwas macht. Oder kurz zusammengefasst: Ist der Wille zum Schönen nun eine von Natur aus gegebene, „objektive" und demnach „(natur-)wissenschaftlich" überprüf- und nachweisbare Kraft oder ist er doch nur Ausdruck bloßen subjektiven Erlebens, also etwas rein subjektiv Erfahrenes und Beschriebenes, vielleicht dann überhaupt nur Eingebildetes, das sich als rein Subjektives einer auf Objektivität ausgerichteten wissenschaftlichen Prüfung entzieht?

Diese Frage beschäftigt seit Anbeginn des Schönheitsdiskurses Philosophen und später Psychologen, Soziologen und Anthropologen. Auch wenn sie in ihren Analysen und Überlegungen nicht expressis verbis von einem „*Willen* zum Schönen" reden, sondern vielmehr „*das* Schöne" bzw. „*die* Schönheit" als Gegenstand ihrer Ausführungen ausgewiesen wird, so ist es doch vor allem die Wirkung, die dieses Schöne auf uns hat bzw. die es in uns entwickelt, die im Zentrum ihres Interesses steht. Denn das Schöne besteht nie nur für sich selbst, sondern es hat immer Wirkung auf seine Umgebung, im Besonderen auf uns Menschen. Diese Wirkung des Schönen, die in uns nicht zuletzt auch in einem Sehnen und Streben nach dem Schönen und dann vor allem in einem Hin-gezogen-Werden zum Schönen ihren Ausdruck findet, wird schon im *Symposion* von Platon gepriesen. In dessen Abhandlung zum Schönen ist eigentlich nicht das Schöne selbst als besondere Wesenheit Brennpunkt des Diskurses, sondern Eros, der Göttliche, jener unaufhörlich nach dem Schönen Strebende, der als personifizierte Liebe vorgestellt wird, die es uns ermöglicht, ein schönes Etwas als etwas Schönes wahrzunehmen, zu erfahren und zu erleben.

Der Wille zum Schönen und die Liebe

Eros, die Liebe und das Schöne sind im antiken Griechenland nahezu untrennbar miteinander verwoben. Dabei erweist sich Eros als ein höchst vielgestaltiger Begriff. Nicht selten wird er einfach mit Liebe übersetzt, insbesondere, wenn von geschlechtlicher Liebe die Rede ist, obwohl er eigentlich vielmehr eine Kraft ist, die uns Menschen zur Liebe führt, also nicht die Liebe selbst, sondern eine wesentliche Quelle der Liebe ist. Für die antiken Griechen war Eros „eine ursprüngliche Naturkraft, jenes Prinzip der universellen Harmonie, die im physikalischen Bereich die Materie zu Objekten zusammenfügt, im sozialen Bereich die Bürger untereinander eint (und so die Entstehung der Stadt ermöglicht) und im psychologischen Bereich die Individuen verbindet, wobei Freundschaft und schließlich Liebe entsteht. Die Liebe zwischen zwei Partnern (also der Trieb, den man eigentlich als ‚erotisch' bezeichnet) ist demnach nicht von gänzlich anderer Natur als die Kraft, die das Universum zusammenhält, als das Band beispielsweise, das Sonne und Mond vereint" (Nicola 2007).

Diese zentrale Stellung des Eros im Weltgefüge des antiken Griechenland kommt in besonderem Maße in der Theogonie Hesiods zum Ausdruck (Buhlert 2014). Eros ist dort neben dem Chaos, Gaia, Nyx und Erebos eine der fünf ersten Gottheiten, die immer schon da waren, die also keinen anderen Gott als Vater oder Mutter hatten und aus denen dann der ganze Götterhimmel entstand. Ob diese sechs Urgottheiten quasi nebeneinander in Rang und Ordnung gleichwertig immer schon bestanden oder ob es doch das Chaos war, das die anderen fünf gebar, bleibt im Dunkeln. Beim Vorsokratiker Parmenides (Guthrie 2005) war es nicht Chaos, sondern Gaia, die Urmutter Erde, die auf nichts und niemanden rückführbar ist und die anderen fünf Urgottheiten gebar. Damit erweist sie sich auch als Mutter des Eros. Unbestritten zumindest nach der Hesiod'schen Tradition erscheint, dass Gaia durch Eros den Uranos gebiert und dass der Himmel Uranos dann gemeinsam mit Gaia die Titanen zeugt, von denen einer, Kronos, ihn entmannen wird. Aus dem Samen des ins Meer geworfenen Gliedes entsteht dann Aphrodite, die Schaumgeborene (aphrós – Schaum), die Göttin der Schönheit, der Liebe und des sinnlichen Begehrens. Ob nun Hesiod oder Parmenides zu folgen ist, bei beiden steht Eros ganz vorne bzw. oben in der Götterhierarchie. Als schönster der unsterblichen Götter steht er für die Unsterblichkeit des Schönen. Darüber hinaus ist er auch Symbol für die eminente Kraft des Schönen. Er ist es, der im Mythos vernünftige Überlegungen besiegen kann. Alles ist in der Hesiod'schen Theogonie der Kraft des Schönen unterworfen, alles geschieht dem Schönen zu willen.

Die griechische Religion kennt, im Gegensatz zu anderen Religionen – wie zum Beispiel der christlich-katholischen Religion mit ihrer von nicht-kanonischen Schriften gereinigten „Heiligen Schrift" – keinen einheitlichen Götterkanon. Dementsprechend ist es möglich, dass sich im griechischen Mythos unterschiedliche, ja in manchen Fällen sogar sich widersprechende „Theogonien" gleichberechtigt gegenüberstehen und Götter bzw. gottähnliche Wesen als von ganz unterschiedlicher Herkunft und Prägung dargestellt sein können. Das gilt insbesondere für den Eros, der in anderen Traditionen als der Sohn der Aphrodite und des mächtigen Kriegsgottes Ares erscheint und damit die personifizierte Verbindung vom Schönen und Mächtigen darstellt. Er ist einerseits der verspielte kindlich-jugendliche Sohn der Aphrodite, andererseits, wie z.B. in der Tragödie *Der bekränzte Hippolytos* des Euripides, der Beherrscher der Menschen und damit Unheilbringer und Zerstörer für uns Menschen.

In der römischen Mythologie wird Eros zu Amor bzw. Cupido. Er behält dabei sein kindlich-liebliches Auftreten mit dem Verliebtheit und Liebe stiftenden Pfeil und Bogen, um gleichzeitig durch seine zerstörerische Kraft zu bestechen. Ein besonderes Beispiel für die Wirkmacht des Amor, der einerseits zum höchsten Glück, andererseits zum tiefsten Unglück der menschlichen Seele werden kann, ist die rührende Geschichte des aus Madauros (einem Ort im heutigen Algerien) stammenden Apuleius (ca. 123-170 n. Chr.) von „Amor und Psyche" in seinem Roman *Der goldene Esel*. Psyche ist hier eine wunderschöne Königstochter, auf die Venus (als römisches Pendant zu Aphrodite) wegen ihrer Schönheit eifersüchtig ist. Erzürnt befiehlt sie ihrem Sohn Amor, dafür zu sorgen, dass Psyche einen schlechten Mann zum Gemahl bekäme. Dieser aber verliebt sich selbst in Psyche, wird ihr Geliebter und zeugt mit ihr gemeinsam eine wunderschöne Tochter namens Voluptas (lat. Lust, Vergnügen, Genuss, Wollust). Mit dieser Geschichte wird auch auf die engen Zusammenhänge von Liebe, Seele und Lust verwiesen: Die liebende Seele gebiert die Lust, die immer auch Lust am, im und zum Schönen ist.

Die Liebe und das Schöne sind ohne Zweifel aufs Engste miteinander verbunden. Um Schönes wahrzunehmen, zu erfahren und zu erleben, braucht es die Liebe – die Liebe zum Schönen, aber auch die Liebe zum Anderen. Erst durch die Liebe, erst durch ein Sichverlieben kann das Schöne in all seiner Schönheit wahrgenommen werden. Was Liebe im Zusammenhang mit dem Wahrnehmen von Schönem bewirken kann, hält uns der griechisch-orthodoxe Theologe Christos Yannaras eindrucksvoll vor Augen, wenn er schreibt: „wenn du dich einmal verliebt hast, kannst du .... unterscheiden ... was Leben und was Überleben ist. Du weißt, dass Überleben Leben ohne Sinn und Sinnlichkeit bedeutet. Es ist ein schleichender Tod: ... du berührst Dinge und spürst sie doch nicht, du riechst an der Blume, und ihr Duft erreicht deine Seele nicht. Ist aber der Geliebte an deiner Seite, erfüllt sich alles mit neuem Leben, und du selbst wirst von einer Kraft überschwemmt, dass das tönerne Gefäß deines Daseins dir zu klein erscheint, sie zu fassen. Dieser Strom des Lebens ist der Eros. Ich spreche nicht von Gefühlsduseleien und mystischen Schwärmereien, sondern vom Leben, das nur so wirklich und greifbar wird. Es ist, als würde es dir wie Schuppen von den Augen fallen, und alles um dich herum erscheint dir zum ersten mal, ... dieser Eros ist ... der einzige Vorgeschmack auf das Himmelreich, die einzige wirkliche Überwindung des Todes ..." (Yannaras 1994). Als Menschen sind wir ganz offensichtlich nicht nur zum Überleben, sondern zum Leben geboren. Oder mit anderen Worten: Wenn liebloses Dasein Überlebensdasein ist und mit Liebe erfülltes Dasein wirkliches Leben, dann kann unser Lebensziel nur dieses wirkliche Leben sein mit all seinem Reichtum an Schönem. Bloßes Überleben ist uns zu wenig, um unser Leben als ein schönes und sinnvolles zu erleben.

Um wirklich zu leben und nicht nur einfach zu überleben, genügt daher auch ein Schopenhauer'scher Wille zum Sein nicht, der im Wesentlichen ein nur auf das Überleben ausgerichteter Wille ist. Um das Leben, von dem Yannaras spricht, dieses eigentliche bzw. wirkliche Leben zu erlangen, braucht es wesentlich mehr: einen auf das Leben in all seiner Schönheit hin ausgerichteten Willen, einen Willen zum Schönen. Das Schöne ist immer auch das, was wir lieben – und umgekehrt: All das, was wir lieben, ist auch Schönes oder wird gerade dadurch zum Schönen. Die Liebe ist Quelle des Schönen, sie ermöglicht das Schöne als solches zu erleben, gleichzeitig ist sie ein Teil des Schönen, ein Teil, der aus dem Schönen hervorgeht. Die Liebe, mit der Verliebtheit als ihrer aufrauschenden Erscheinungsform, und das Schöne, mit der Begeisterung als seiner berauschenden Erlebensweise, sind insofern eins, als die Erstgenannte eine Facette des Letztgenannten ist. Liebe und Schönes sind daher immer zusammenzudenken. Das Schöne als das Ganze, die Liebe als wesentlicher, das Schöne mitkonstituierender Teil davon.

Die Liebe ist dabei nicht ein Teil des Schönen in dem Sinne, dass sie aus dem Schönen als Ganzem herauszulösen wäre; die Liebe verhält sich zum Schönen vielmehr wie ein Teil eines „autopoietischen Systems“ (Maturana & Varela 1980): Die Liebe und das Schöne verhalten sich zueinander wie die Zellmembran zur Zelle. Die Zellmembran ist ohne Zweifel ein Teil der Zelle; ohne Zellmembran gibt es aber keine Zelle. Die Zellmembran ist damit konstituierendes Element der Zelle und als solches untrennbar mit ihr verbunden. Ungeklärt muss hier die Frage bleiben, was nun zuerst gewesen sei bzw. was aus was hervorgegangen wäre: Ist die Zellmembran aus der Zelle hervorgegangen? Die Zelle verfügt über Möglichkeiten, die Zellmembran bei Schädigung zumindest bis zu einem gewissen Grad zu regenerieren, sie ist also prinzipiell fähig, eine Zellmembran aufzubauen. Allerdings wäre die Zelle vor der Schaffung ihrer Zellmembran noch keine Zelle (weil eben noch ohne nach außen begrenzende Zellmembran) und demnach auch nicht fähig, eine solche auszubilden.

Ebenso ungeklärt wie das Zusammenspiel in der Herkunft von Zelle und Zellmembran muss das Entstehungsverhältnis von Liebe und Schönem bleiben: Ist die Liebe nun Produkt des Schönen oder das Schöne Produkt der Liebe? Ohne Zweifel ist das Schöne, so wie wir es als Schönes erleben können, ein hochkomplexes Ganzes – auf die Komplexität und die Vielfalt der Teilaspekte unseres Wahrnehmens, Erfahrens und Erlebens von Schönem wird im Folgenden noch im Detail einzugehen sein – und die Liebe nur ein Teilaspekt davon, immer jedoch ein unverzichtbarer. Denn ohne Liebe kein Schönheitserleben – ganz so wie ohne Zellmembran keine Zelle.

Das hier für das Verhältnis von Liebe und Schönem Ausgeführte gilt aber nicht nur für das Schöne und die Liebe als besondere menschliche Erlebensformen, sondern auch für den hier zu verhandelnden Willen zum Schönen als Naturkraft. Ein wesentlicher Teilaspekt des Willens zum Schönen, als ubiquitär wirksamer Urkraft, ist der Wille zur Liebe. Wir fühlen uns von der Liebe angezogen, wir spüren uns zu ihr hingedrängt und indem sie uns erfüllt, fühlen wir die Kraft, die von ihr ausgeht. Dieser Wille zur Liebe ist (genauso wie die Zellmembran der Zelle) kein eigenständiger Teil des Willens zum Schönen. Der Wille zur Liebe ist untrennbar mit dem Willen zum Schönen verbunden und zwar insofern, als auch der Wille zur Liebe konstitutives Element und damit unverzichtbarer Aspekt des Willens zum Schönen ist. Ohne Willen zum Schönen kein Wille zur Liebe, ohne Wille zur Liebe auch kein Wille zum Schönen – und doch ist der Wille zum Schönen in seiner komplexen Ausrichtung und seinem Facettenreichtum als Ganzes mehr als der ihn so wesentlich mitbestimmende Wille zur Liebe. Fast wäre man geneigt zu sagen: Der Wille zur Liebe ist zugleich eine den Willen zum Schönen konstituierende wie auch eine ihn gegenüber einem Außen abgrenzende „Zellmembran"; eine Zellmembran, die es erst möglich macht, als lebendige Zelle, als lebendiger Wille zum Schönen seine volle Wirksamkeit zu entfalten.

In dem Zitat von Christos Yannaras (1994) ist noch eine weitere Beobachtung eingeflochten, nämlich jene gut replizierbare, dass wir Schönes nicht nur intensiver erleben können, wenn wir es auch lieben, und alles, was wir lieben, für uns auch Schönes ist, sondern dass wir, wenn wir einen anderen Menschen lieben bzw. uns in einen Menschen frisch verlieben, Schönes rund um uns herum plötzlich sichtbar, fühlbar und spürbar wird, an dem wir ohne Verliebtsein achtlos vorübergegangen wären bzw. es sicher nicht in der gleichen Intensität erlebt hätten. Das Schöne affiziert uns in besonderer Weise und viel mehr und intensiver, wenn wir lieben. Die Liebe zwischen den Menschen wird damit zum Promotor und Katalysator von Schönheitserleben. Auf die zentrale Stellung der Liebe zwischen den Menschen und eine Kultivierung des Willens zum Schönen im Rahmen einer Welten(neu)schaffung wird im zweiten Band nochmals zurückzukommen sein.

Diese zwischenmenschliche Liebe, von der hier die Sprache ist, ist keine theoretische Größe, sie ist auch nicht einfach nur ein philosophisch ergründbarer Begriff, sondern als ein Aspekt des Willens zum Schönen ist sie tief in uns verborgen und bleibt uns letztendlich, ebenso wie der Wille zum Schönen selbst, in seiner Ganzheit unergründlich. Sie offenbart sich uns aber – und zwar „ ... im Grenzbereich zwischen Körperlichem und Geistigem, sie lebt im Austausch der Blicke, des Lächelns, der Stimme, der Bewegung. Ein *Lächeln*, das nicht Mimik sondern Gabe ist, ein *Blick*, der zögernd dem Begehren den Weg bahnt und in dem sich die Einmaligkeit des Ereignisses spiegelt, eine verhaltene *Stimme*, in der die Fleischwerdung des Wortes unmittelbar sinnlicher Ausdruck wird, eine *Geste*, deren Anmut der Rhythmus der Schönheit selbst ist und Zärtlichkeit erweckt, während die Bewegung schüchtern einen Tanzschritt andeutet, in dem unmerklich eine verborgene Freude mitschwingt" (Galimberti 2004). Wenn wir die Liebe und den Willen zum Schönen unter einem solchen leiblichen Blickwinkel betrachten, wird das Wahrnehmen, Erfahren und Erleben von Schönem zu einem hochkomplexen wie auch gefühlsintensiven leiblichen Erlebnis, das wir zu Recht als ein Sublimes erspüren und dabei Göttliches erahnen, was sich dann auch in Bezeichnungen wie „himmlisch" oder „göttlich schön" niederschlägt. Eros wird hier zum personifizierten Inbegriff des Schönen, der Verbindung von Liebe mit einem ubiquitär wirksamen Willen zum Schönen als archaischer Naturkraft, dem ohne Zweifel ein prominenter Platz in der Götterwelt gebührt.

Ganz anders wird Eros in Platons *Gastmahl* präsentiert. Hier wird ihm, wie schon im Kapitel „Das Schöne – Versuche einer Begriffsbestimmung" ausgeführt, neben seiner mythenumwobenen Schönheit auch noch seine Göttlichkeit abgesprochen. Für dieses Urteil ausschlaggebend ist die Figur der Diotima, die in dem platonischen Dialog in einer Rede des Sokrates zitiert wird. Sie wird dabei von Sokrates als wunderbare Frau voll von Weisheit über die Liebe eingeführt. (Jahrhunderte später betörte sie noch Hölderlin, der in ihr seine über alles geliebte Susette Gontard sah, die für ihn „die metaphysische Offenbarung des Lebens selbst" war [Ibel 1957].) Gleichwohl macht Diotima Eros in dem von Sokrates wiedergegebenen Gespräch zu einem Dämon. Eros wird damit von einem Gott zu einem zwischen den Göttern und den Menschen angesiedelten Mittelwesen degradiert (Platon 1923). Als personifizierte Liebe zum Schönen vermittelt er uns das göttlich Schöne und ermöglicht uns dadurch überhaupt erst Schönes wahrzunehmen. Eros ist aber dennoch nicht mit dem oben skizzierten Willen zum Schönen gleichzusetzen. Der Wille zum Schönen verweist nicht nur auf das Schöne, sondern er ist immer auch Wille *des* Schönen. Er ist, da nicht weiter auf anderes rückführbar, als archaische Urkraft zugleich Ursprung, Wesen und Wirkung des Schönen. Der Wille *zum* Schönen ist somit immer auch Wille *des* Schönen und der Wille *des* Schönen immer auch Wille *zum* Schönen. Damit werden diese beiden Bezeichnungen austauschbar; sie werden daher in unseren Diskursen auch synonym verwendet. Wenn jedoch vorzugsweise von einem Willen zum Schönen gesprochen wird, dann zum einen als Analogie zum „Willen zur Macht" bzw. zum „Willen zum Leben" und zum anderen, um den Verweisaspekt dieses Willens hervorzuheben, der immer bei der diskursiven Verhandlung eines Willens des Schönen mitgedacht werden muss.

Unabhängig davon, ob man Eros wie bei Hesiod als Vollmitglied im Reich der Götter oder eben nur wie bei Platon als zwischen den Göttern und Menschen vermittelnden Dämon verortet, besticht seine Figur in jedem Fall dadurch, dass sie eine außerordentliche Wirksamkeit im Erlebensfeld des Schönen entfaltet, die uns über unser Menschsein hinaustreibt, uns transzendiert. In Zuständen des Verliebtseins, aber auch in jenen des vertieften Liebens vermeinen wir ganz unmittelbar diesem Über-uns-Hinausreichenden zu begegnen. Dort, wo das Leben in Liebe zu blühen beginnt und wir all den Duft des Schönen mit tiefen Zügen einatmen dürfen, ganz von ihm erfüllt werden, und dort, wo uns zuletzt auch noch die Worte zu versagen beginnen, da können wir diesen überirdischen Eros, diese unverzichtbare Facette des Willens des Schönen erahnen. Die Liebe im Allgemeinen und die Liebe zu allem Schönen im Besonderen, also Eros in seiner ganzen Wirkkraft, eröffnet uns als gleichsam schützende und gewährende Zellmembran des Schönheitserlebens die Möglichkeit, den Willen zum Schönen, der eben immer auch ein Wille des Schönen ist, leiblich zu erleben.

Von Freud wird dieser Eros als ein fundamentaler Lebensinstinkt angesehen, der aber nicht primär auf das Schöne, sondern als Lebenstrieb über die lustvolle Intention zu Fortpflanzungsaktivitäten vor allem auf den Fortbestand der Menschheit ausgerichtet ist. In der in seinem Aufsatz „Jenseits des Lustprinzips" festgeschriebenen späten Triebtheorie betont Freud, dass all das, was von ihm früher über Libido und Sexualität ausgeführt worden sei, nun auch unter Eros zusammengefasst werden könne. Für ihn besteht somit ein enger Zusammenhalt, wenn nicht sogar eine fast deckungsgleiche Überlappung zwischen dem, was er dem Eros, und dem, was er dem Sexualtrieb und der Libido zuschreibt. Libido ist für Freud vorerst diejenige Kraft, die hinter dem sexuellen Begehren steht und neben anderen Trieben, wie zum Beispiel dem Selbsterhaltungstrieb, ihre Wirksamkeit entfaltet. Libido wird hier, wie bereits die ursprüngliche Bedeutung des Wortes im Lateinischen nahelegt, eng mit Begehren, Begierde und Wollust verbunden. Später wird die Libido dann von Freud als eine mehr allgemeine Antriebskraft aufgefasst, die den Motor für alles menschliche Handeln darstellt und damit ebenso für alles Handeln mitverantwortlich zeichnet. Aber auch diese Libido bleibt in ihren Wurzeln im Sexuellen gefangen (Freud 1905/1999). Damit wird Eros, der bei Hesiod noch Inbegriff einer allgemeinen, ubiquitär wirksamen Urkraft des Universums ist, zu einer im Wesentlichen „sexuellen Kraft" reduziert.

Diesem Eros, dieser sexuellen Urkraft wird von Freud noch eine zweite Urkraft gegenübergestellt, jene des Thanatos, die nach dem Gott benannt ist, der gemeinsam mit seinem viel sanfteren und nachgiebigeren Zwillingsbruder Hypnos (dem Schlaf) dort wohnt, wo Nacht und Tag einander begegnen, wo Atlas das Himmelsgewölbe trägt und wohin nie die Strahlen der Sonne dringen. Diese beiden Kräfte, Eros und Thanatos, stehen sich seiner Meinung nach unversöhnbar gegenüber, bestreiten in uns einen lebenslangen Kampf mit ungewissem Ausgang. Die bipolare Triebtheorie, die ihren Ursprung in der Zweikraftlehre des Empedokles (ca. 490-430 v. Chr.) hat (mit den beiden Polen der Liebe und des Streits bzw. der Zwietracht), wurde schon früh von Gesinnungsgefährten Freuds kritisiert. Vor allem das Postulat eines Todestriebes wurde breit abgelehnt; zuvorderst übrigens von Freuds Ziehsohn Wilhelm Reich, der seine Kritik dann auch mit dem Ausschluss aus der psychoanalytischen Gemeinde quittiert bekam, was den Stellenwert, den die Eros-Thanatos-Theorie für Freud hatte, eindrucksvoll unterstreicht.

Ob nun vorerst noch unter der Bezeichnung Libido allein für sich stehend oder später dann gemeinsam im Wechselspiel mit einem Thanatos, Eros bleibt bei Freud immer eine im Sexuellen verortete Kraft. Eine solche Art der Reduktion vom Hesiod'schen Eros als Universalantriebskraft auf eine im Wesentlichen sexuelle Antriebskraft bei Freud ist zwar unter geschichtlichem Blickwinkel nachvollziehbar – war doch die Sexualität trotz ihrer ungemeinen Kraft als Drang und Attraktivität zu Freuds Lebenszeit in besonderer Weise tabuisiert und damit gleichzeitig zentraler Themenfokus –, aus phänomenologisch-analytischer Sicht ist diese Reduktion jedoch in keiner Weise statthaft. Die Behauptung, jegliche Kraft und Bewegung wäre Ausdruck einer sexuellen Urkraft bzw. zumindest durch eine solche wesentlich determiniert, liegt fernab der von uns beobachtbaren und erlebbaren Realität, auch wenn einzuräumen ist, dass offensichtlich wesentlich mehr unserer Handlungen sexuell determiniert sind, als das von manchen gerne zugegeben wird. Allein aber aufgrund einer gewissen Häufigkeit schon ein universelles Wirkprinzip abzuleiten, erscheint doch als nicht zulässig.

Dieser Freud'sche Eros ist demnach nicht mit dem hier verhandelten Willen zum Schönen gleichzusetzen. Der Wille zum Schönen ist keineswegs nur sexuelle Kraft. Der Wille zum Schönen ist jene Kraft, die auf das Schöne in seiner ganzen Vielfalt und in seinem ganzen Facettenreichtum ausgerichtet ist. Allein schon deshalb ist er nicht auf ein mehr oder weniger starkes sexuelles Verlangen im Dienste der Fortpflanzung und Arterhaltung zu reduzieren, selbst dann nicht, wenn man in Rechnung stellt, dass das sexuell Schöne durchaus eine wichtige Facette des allgemein Schönen darstellt. Es gibt jedoch eine innere Kraft, die uns weit über das Sexuelle hinausreichend zum Schönen hin bewegt. Wenn wir diese in uns Menschen so umfassend wie nachhaltig wirkende archaische Naturkraft Eros nennen wollen, dann kann Eros als Synonym für den Willen zum Schönen gelten. Dieser universale Eros bewirkt nicht nur, dass wir zum Schönen geführt werden, sondern er ist immer auch eine über sich hinaus bewegende Kraft, womit durchaus Ähnlichkeiten zum Nietzsche'schen Willen zur Macht sichtbar werden. „Menschen sind nicht einfach lebendig, sie sind besessen von dem seltsamen Trieb, das Leben exzessiv zu genießen, und hängen leidenschaftlich an einem Überschuss, der hervorsticht ... ", analysiert Slavoj Žižek (2006) in seinem Buch *Parallaxe*. Allerdings fokussiert dieses auf den Überschuss Ausgerichtetsein des Willens zum Schönen nicht wie beim Willen zur Macht auf immer mehr an Macht, sondern eben auf immer mehr an Schönem, im Sinne eines immer tieferen und intensiveren Erlebens von Schönem.

In seiner Ausrichtung zeigt sich auch der wesentliche Unterschied des Willens zum Schönen zu dem, was bei Schopenhauer der Wille zum Leben ist. Wille zum Leben wird von Schopenhauer als Wille zum Überleben sowohl des Einzelnen als auch der ganzen Art gedacht, als ein Wille zum Fortbestand. Das Schöne und die Freude finden hier zwar Platz, spielen aber im Rahmen der Wirkungsweise dieser Urkraft nur eine Nebenrolle. Dieser Wille zum Leben ist bei Schopenhauer vor allem körperlich-sexuell konzipiert, wobei Sexualität sich bei ihm noch wesentlich in den Dienst der Fortpflanzung gestellt findet. Der Wille zum Leben treibt uns dazu, uns fortzupflanzen, und ist damit Motor für den Fortbestand des Menschengeschlechts. Der Lust kommt im Zusammenhang mit dem Fortpflanzungsprozess zwar eine besondere Rolle zu, ist aber bestenfalls menschliches Beiwerk eines universellen Willens zum Leben und Überleben.

Ganz anders beim Willen zum Schönen: Gelebte Sexualität hat hier zuvorderst den Stellenwert eines Schönen. Die Menschen geben sich nämlich sexuellen Handlungen nicht vor allem deshalb mit solcher Begeisterung hin, weil sie damit der Arterhaltung dienen wollen, sondern weil Sex ganz einfach schön ist. In jedem Fall fühlten sich unsere Urahnen von sexuellen Handlungen in höchstem Maße angezogen, schon lange bevor sie wussten, dass damit auch ihre Fortpflanzung verbunden ist (Kulturanthropologen zufolge ist das Wissen um einen Zusammenhang zwischen sexueller Handlung im Sinne eines gegengeschlechtlichen Beischlafs mit männlichem Orgasmus und Ejakulation einerseits und weiblichem Empfang neuen menschlichen Lebens andererseits geschichtlich noch relativ jung). Im Gegensatz zum Willen zum Leben können wir alle (beim Sex) den Willen zum Schönen unmittelbar erspüren. Der Wille zum Leben erscheint uns in diesem Kontext als ein eher theoretisches Konstrukt, das zwar neues Leben im Blickfeld hat, aber leiblich nicht unmittelbar und direkt darauf ausgerichtet ist. Der Wille zum Schönen hingegen hat nur eines, worauf er zielt – das leibliche Erleben von Schönem in all seinem Facettenreichtum.

Die universelle Kraft des Willens zum Schönen kann nun als Anziehungskraft des Schönen oder als innerer Drang zum Leben erlebt werden, wobei, wie bereits oben ausgeführt, es sich dabei immer um ein und dasselbe handelt. Die unterschiedlichen Erlebnisweisen ergeben sich nicht durch unterschiedliche Wirkweisen, sondern sind nur das Ergebnis unterschiedlicher Perspektiven: Einmal erleben wir die Kraft als einen in uns selbst wohnenden, von uns selbst ausgehenden Drang, das andere Mal erfahren wir sie als vom gegenüberstehenden Objekt ausgehend; wir sprechen dann von einer vom Objekt ausgehenden Anziehungskraft. In jedem Fall handelt es sich um *unsere* Wahrnehmung und *unsere* Erfahrung und *unser* Erleben. Ein Subjekt-Objekt-Problem besteht ja nur, solange wir eine (fiktive) Trennung eines absolut gesetzten Subjektiven bzw. Subjekts von einem damit unvereinbaren, auch absolut gesetzten Objektiven bzw. Objekt zulassen. Jedes Wahrgenommene, jedes Erfahrene und jedes Erlebte ist und bleibt aber ein solches auf dem Subjekt-Objekt-Kontinuum (siehe Abbildung 1: xx = Subjekt, yyy = Objekt), einmal liegt es fast ganz im Subjektiven, dort wo wir Schönes nur erträumen, das andere Mal ist es viel weiter beim Objekt verortet, wenn wir mittels phänomenologischer Intuition schöne Objekte in all ihrem Facettenreichtum analysierend betrachten – in jedem Fall bleibt Wahrnehmung, Erfahrung und Erleben des Schönen im Subjektiven verankert. Der Wille zum Schönen als Naturkraft ist immer zugleich Gegebenes und Gemachtes, Objekt und Subjekt, Natürliches und Kulturelles – so wie *wir* ihn wahrnehmen, erfahren und erleben, ist er immer Subjektives.

Der Wille zum Schönen und die „Lust"

Bevor wir uns weiter den Fragen widmen, worin sich uns nun der Wille zum Schönen als Naturkraft zeigt und wie bzw. wodurch wir ihn als einen Willen zum Schönen und Willen des Schönen auch erleben können, stellt sich vorerst eine andere Frage: Wie wissen wir, wann und dass etwas für uns schön ist? Wodurch und wie nehmen wir das Schöne sinnlich, also mittels impressiven Wahrnehmungsmodus (Berner & Musalek 1989; Musalek 1991) wahr? Wie erfahren wir das Schöne? Mit anderen Worten: Was sind die emotionalen Eindrücke, was die kognitiven Leistungen und was ihre komplexen Verbindungen, die erforderlich sind, um Schönes als Schönes zu erfahren? Und schlussendlich noch: Wodurch und wie erleben wir Schönes? Oder anders ausgedrückt: Wann und wie erreicht das Erfahren von Schönem eine solche Ausdehnung und Intensität, dass das Schöne uns in unserer ganzen Leiblichkeit erfasst und durchströmt und wir daher von einem sinnlichen Erleben im engeren Sinn sprechen dürfen?

Immanuel Kant beantwortet die Frage, wie wir Schönes sinnlich wahrnehmen, mit dem schon im Kapitel zur Begriffsbestimmung des Schönen zitierten Satz: „Die Lust ist ... im Geschmacksurteile zwar von einer empirischen Vorstellung abhängig, und kann a priori mit keinem Begriffe verbunden werden... aber sie ist doch der Bestimmungsgrund dieses Urteils ..." (Kant 1790/1995). Das Wahrnehmen von Schönem über die Lust zu definieren, ist insofern höchst problematisch, als es sich dabei zumindest in der Verwendung dieser Bezeichnung in der Alltagssprache um einen äußerst vielgestaltigen und mehrdeutigen Begriff handelt, der nur schwer von ähnlichen Bezeichnungen zum Schönheitswahrnehmen abzugrenzen ist.

Zuvorderst ist, wenn von Lust die Rede ist, zu unterscheiden zwischen einer „intentionalen" Lust, also jener Lust, die sich in einem Lusthaben auf etwas haben entäußert, und einer „aktual-performativen" Lust, von der man durch den Vollzug einer lustvollen Tätigkeit erfüllt wird. Die intentionale Lust ist gleichsam eine Lust zur Lust, ein Begehren, das die Möglichkeit zu einem „Lustgewinn" eröffnet, wobei sich das aktuelle Lustgefühl erst im Verlauf der lustvollen Handlung einstellt, während die aktual-performative Lust in einem mehr oder weniger rasch und mehr oder weniger intensiv aufkeimenden Gefühl des Angenehmen spürbar wird und im Falle von Lustbefriedigung sich dann Behaglichkeit und Zufriedenheit einstellen. Lust ist also in ursprünglicher Bedeutung ein begehrliches und begieriges Wollen und zugleich jener behagliche Zustand, der eintritt, wenn man bekommen hat, was man wollte.

Eine Trennung zwischen den beiden Lustbegriffen erfolgt im Deutschen mit der Verwendung des Wortes in unterschiedlichen Zusammenhängen, oft bleibt dabei unklar, ob nun die eine Form oder die andere gemeint ist. Die italienische Sprache (als ein Beispiel für romanische Sprachen) unterscheidet zwischen dem Gefühl Lust, das sich in einer lustvollen Handlung einstellt, und jenem nach Lustgewinn strebenden Gefühl der Lust wesentlich einfacher und zielsicherer, indem sie zwei Begriffe für diese unterschiedlichen Formen von Lust zur Verfügung stellt: *piacere*, die empfundene Lust, und *voglia*, die auf etwas gerichtete Lust wie z.B. bei *avere voglia di qualcosa* (auf etwas Lust haben).

Die Herkunft des deutschen Wortes *Lust* bleibt bis heute weitgehend im Dunklen. Zum Beispiel lässt es sich vom germanischen Verbum *lutan* (*sich niederbeugen, neigen*) herleiten. Lust wäre damit als eine Neigung zu etwas bzw. zu jemandem zu verstehen. Eine andere Herleitung besteht darin, Lust auf den Wortstamm l*iessen/lieren* (*sich trennen, abgelöst werden*) zu beziehen, der sich im Wort *Verlieren* wiederfindet und auf das althochdeutsche *firliosan* bzw. das mittelhochdeutsche *verliesen* zurückreicht. Mit einer solchen Interpretation wäre zumindest der Zusammenhang zwischen Lust und Verlust zu erklären. Lust wäre hier das, was sich im Falle des Verlustes einstellt, nämlich dann Lust auf etwas anderes zu haben. Am häufigsten wird Lust allerdings mit dem griechischen *lassô* (*ergreifen wollen*) in etymologische Verbindung gestellt. Lust könnte dann einerseits mit dem lateinischen *laszivus* (*mutwillig, locker, ausgelassen, zügellos, erotisch aufreizend* – also wie im Deutschen: *lasziv*) in Zusammenhang zu bringen sein, andererseits auf die indoeuropäische Wurzel *las* (*gierig, mutwillig, ausgelassen sein*) bezogen werden, die ihrerseits wiederum ihre Entsprechungen im

Russischen *láska* (*Liebkosung, Wohlwollen*) sowie im Altindischen *lásati* (*begehrt, Verlangen nach*) hat (Rother 2010; Grimm & Grimm 1854/1999). Das englische Wort *lust* ist in seiner Bedeutung nur auf sinnliche, fleischliche Lust eingeschränkt, während das Wort *pleasure* auch die über die rein fleischliche Lust hinausreichende Lust im Sinne von Vergnügen und Gefallen miteinschließt.

Die altgriechische Bezeichnung für Lust ist *hédoné*. Allerdings wird mit diesem Begriff nicht nur ein einfaches Gefühl des Angenehmen assoziiert, sondern eine Vielzahl von Gefühlsformen und -ausprägungen, die weit über ein bloßes Fühlen von Angenehmen hinausgehen, wie z.B. Freude, Vergnügen und Genuss, aber auch Wollust, sinnliche Lust und Wohlgeschmack. Mit Wohlgeschmack steht wiederum die altgriechische Benennung von angenehm schmeckend und süß (*hédys*), aber auch das Wort für Würze und Gewürz (*hédysma*) in enger Verbindung. Die übertragene Bedeutung von süß (*hédys*) für lusterzeugend bzw. wohltuend wie z.B. bei *süßes Lächeln, süße Stimme, süßer Gesang* und *süßes Aussehen*, die wir im Deutschen kennen, findet sich ebenfalls bereits im antiken Griechenland. Das lateinische Wort für Lust, *voluptas*, wird eher im Sinne der Wollust bzw. des Wollüstigen verwendet. Ein Synonym für *voluptas* ist *delectatio*, das aber ebenso wie das englische *pleasure* viel weiter gefasst ist und auch *Unterhaltung, Genuss, Verführung* und *Verlockung* sowie *Freude* und *Ergötzung* miteinschließt. Auf das Ergötzen (abgeleitet vom mittelhochdeutschen *ergezzen – vergessen machen*) wird noch im zweiten Band gesondert zurückzukommen sein, wenn es um das Ausleuchten des Zusammenhanges von Genuss und Genießen mit dem sich am Schönen *ergötzen* gehen wird, also um jene Phase des Schönheitsgenusses, in der man alles um sich herum und letztlich auch sich selbst vergisst.

Vom griechischen *hédoné* leitet sich auch die Bezeichnung Hedonist für einen Menschen ab, der sein Leben ganz auf Lusterleben bzw. auf Lustgewinn ausrichtet. Ein lustvolles Leben zu führen, das oft mit einem glücklichen und erfüllten Leben gleichgesetzt wird, war ganz offensichtlich schon von alters her ein wesentliches Lebensziel der Menschen. Schon Thales von Millet (624-547 v. Chr.) setzt mit dem Satz „Das Lustvollste ist zu bekommen, was man begehrt" das menschliche Begehren und die Lust, die sich bei Erhalt desselben einstellt, in den Mittelpunkt seiner Überlegungen zu einem schönen und guten Lebens. Der Sokratiker Aristipos von Kyrene (ca. 430 - ca. 355 v. Chr.), der Begründer der Schule der Kyrenaiker, sieht die Lust überhaupt als das höchste Lebensziel an und argumentiert, dass wir schon als Kinder unbewusst nach Lust streben. Auch *E*udoxos von Knidos (ca. 400/395 - ca.347/42) betont, dass alle Lebewesen, unabhängig davon, ob sie nun mit Vernunft ausgestattet sind oder nicht, ob sie also zur Reflexion fähig sind oder nicht, nach Lust streben, womit der Hedonismus als Lebensform begründet erscheint. Dazu ist allerdings zu bemerken, dass diejenige philosophische Lehre, die behauptet, allein das Lustvolle sei das Gute und Erstrebenswerte, erst seit dem 19. Jahrhundert mit dem Namen Hedonismus belegt ist.

Platon (2011) beschäftigt sich mit der Lust vor allem im Dialog *Philebos*, der in den Handschriften noch den Untertitel *Über die Lust* (*Peri hédonés*) trägt (Rother 2010). Philebos ist ein Lebenskünstler, der sich als praktizierender Hedonist lieber genüsslich der Lust hingibt, anstatt über sie philosophisch zu sprechen. Sein zentrales Credo ist, dass für alle Lebewesen, Menschen wie auch Tiere, das Gute in der vergnüglichen Freude (*kairin*), in der Wonne der Lust (*hédoné*) und im ergötzlichen Genuss (*terpsis*) besteht. Seine Referenz ist die Göttin Aphrodite, die Göttin der Liebe, der sinnlichen Schönheit und des erotischen Reizes. Sie allein ruft er an, um seinen Lebenszugang zu untermauern – also göttliche Mauern, wer vermag solche schon einzureißen? Dass Platon diese Lebensform und -haltung zum Ausgangspunkt seiner dialogischen Überlegungen zur Lust macht, illustriert eindrucksvoll den Umstand, dass das Führen eines lustvollen und freudenreichen Lebens für die männlich-bürgerliche Gesellschaft jener Zeit offenbar zentrales Anliegen war (Frauen und Sklaven waren ja von diesem Leben weitgehend ausgenommen). Sokrates hält dieser hedonistischen Lebensdoktrin des Philebos entgegen, dass es seiner Meinung nach nicht die Lust und auch nicht die Freude ist, die das wirklich Gute repräsentieren, sondern dass es vielmehr das Vernünftigsein (*fronein*), das Erkennen (*noein*) und das sich Erinnern (*memnésthai*) ist, wofür es sich zu leben lohnt (Platon 2011).

Mit diesen Gegenpositionen ist schon rund 400 Jahre vor Christus der uns heute noch zu schaffen machende und uns in besonderer Weise prägende Zwiespalt zwischen Herzenswärme und Verstandesorientierung oder wissenschaftlicher ausgedrückt zwischen Lustzentrierung und Vernunftausrichtung als wesentlichen Lebensführungs- bzw. Überlebensmaximen vorbestimmt. Protarchos, der als Lusttheoretiker das Wesen der Lust nicht nur aus der Praxis, sondern auch von philosophischen Diskursen kennt, kommt zu den gleichen Schlüssen wie Philebos, nämlich dass ein glückliches Leben immer nur ein lusterfülltes sein kann. Zuletzt wird dieser Streit zwischen der Maxime eines lusterfüllten Lebens des Philebos und dem Diktat des vernunftgeleiteten Leben des Sokrates dahingehend beigelegt, als beide zu dem Schluss kommen, dass weder ein hemmungsloses, lustfixiertes Leben ohne Vernunft noch ein vergeistigtes, asketisches Leben ohne Lust und Freude ein glückliches Leben sein kann.

Ein glückliches Leben braucht offenbar beides: Vernunft und Verstand einerseits sowie Lust und Freude andererseits. Und es braucht darüber hinaus – wie könnte es bei Platon auch anders sein – noch ein Bewusstsein der Lust, also ein reflexives, philosophisch fundiertes Wissen um Lust und Unlust, um Lust und Schmerz und vor allem um die verschiedenen Formen der Lust. Platon trennt die „reinen" Lüste von den „gemischten" Lüsten. Die wahren und reinen Lüste sind die ästhetischen Genüsse an schönen Farben und Gestalten, an angenehmen Gerüchen und harmonischen Klängen. Darüber hinaus auch die Lüste der Freude an der Gewinnung von Kenntnissen bzw. jene, die aus der Beschäftigung mit Wissenschaft und Philosophie entstehen. Diese wahren und reinen Lüste beeinträchtigen nicht die Gesundheit des Körpers, sie sind „Dienerinnen" der „Göttin" Vernunft. „Werden dem Leben solche Lüste beigemischt, wirken diese gewissermaßen als gute Gewürze, die das Leben zu einem glücklichen machen; wird das Leben aber mit falschen Lustzutaten versehen, verdirbt die ganze Speise" (Platon 2011). Die gemischten Lüste sind demgegenüber solche Erfahrungen, die zugleich Lust und Unlust enthalten, wie z.B. dass Kratzen bei Juckreiz Lust und Unlust hervorrufen kann oder auf ganz andere Weise das Anschauen von Tragödien.

Für Aristoteles ist die Lust zentrales Element für ein gutes und schönes Leben, wenn er in seiner *Politik* ausführt, dass das höchste Gut und der letzte Zweck menschlichen Daseins und Tuns die Glückseligkeit sei (Aristoteles 2010). Ohne Lust ist für ihn ein glückliches Leben nicht vorstellbar. Wenn Aristoteles allerdings im Zusammenhang mit Glückseligkeit von Lust spricht, hat er nicht die Lust vor Augen, die von Begierde (*epithymia*) oder Unersättlichkeit (*apléstia*) geprägt ist, sondern eine „tugendhaft-besonnene" Lust, deren Platz in der Mitte zwischen Hedonismus und Askese zu verorten ist (Rother 2010). Rein hedonistisches Luststreben muss seiner Meinung nach letztendlich in Schmerz enden, den er als großen Gegenspieler der Lust ansieht. Jener, der nur nach Lustgewinn strebt, muss die Abwesenheit von Lust als schmerzvoll erleben. Gleichzeitig führt ein Zuviel an Lust ganz unweigerlich in die Anästhesie. Ebenso wie Platon unterscheidet Aristoteles zwei Formen der Lust. Im Gegensatz zur platonischen Zweiteilung in reine und gemischte Lust führt er eine Unterscheidung in eine „seiende" (= wahre) und in eine scheinbare Lust ein; erstere ist die Lust, in der Dinge für mich lustvoll *sind*, zweitere jene, bei der mir Lustvolles nur als solches erscheint, ich also nur *vermeine*, dass es sich um Lust handelt. Nur die tugendhafte Lust ist eine für ihn wahre Lust – oder noch markanter: Die wirklichen Lüste sind diejenigen, deren sich der tugendhafte Mensch erfreuen kann. Lusterleben, das fernab von Tugendhaftigkeit erlebt wird, bleibt im Scheinbaren gefangen; es ist ein Lusterleben, von dem wir nur vermeinen, dass es eines wäre (Aristoteles 2013).

Mit seinem Ruf nach gezügelter und besonnener Lust, also nach jener tugendhaften Haltung, die zwischen zügellosem Hedonismus und zwanghaft konsequenter Askese liegt, steht er in enger Verwandtschaft mit den Ansichten Epikurs, der oft eines zügellosen leiblichen Hedonismus bezichtigt wird, selbst aber unter Lust eben gerade nicht das zügellos Ausschweifende versteht, sondern ganz im Gegenteil ein maßvolles, vor allem auf Schmerzminimierung ausgerichtetes Lusterleben vor Augen hat. In seinem Brief an Menoikeos (Epikur 2013) „leitet er seinen Schüler zu einem nüchternen, ja geradezu illusionslosen Blick auf das menschliche Dasein an", indem er ihm zum einen deutlich macht, dass alles Gute und Schlechte in der Empfindung beheimatet sei, die für ihn vorzugsweise die von Lust und Schmerz ist. Und da mit dem Tod alles Empfinden sein Ende finde, brauche man diesen nicht mehr zu fürchten. Zum anderen betont er, dass die Lust selbst „ein relatives und subjektives Empfinden ist, das sich durch eine asketische Lebensweise optimieren lässt". Nur der selbstgenügsame Mensch kann seiner Meinung nach „höchste Lustempfindungen schaffen". Epikurs Lebenszugang ist zwar ein durch und durch lebensbejahender, trotzdem ist für ihn das zentrale Thema der Schmerz. Nur die Lust kann dem Schmerz entgegenwirken. Sie wird im Wesentlichen als Zustand der Schmerzfreiheit begriffen (Erler 2012), Lust kann nur Lust in Maßen sein kann, weil sie sonst eben selbst in Schmerz übergeht.

Der Schmerz wird somit von Epikur als *der* Gegenpol von Lust gesehen, womit jedoch eine hochproblematische Polarität konstruiert wird. Ganz ohne Zweifel gibt es Schmerzerlebnisse, die fernab der Lust liegen, und natürlich gibt es auch Lusterleben, die sich gerade dadurch auszeichnen, dass man keinen Schmerz (mehr) spürt. Es gibt darüber hinaus aber auch einen lustvollen Schmerz und die schmerzensreiche Lust, was eine einfache Polarität von Lust und Schmerz bereits konterkariert; außerdem kennen wir Zustände, die ebenfalls als Gegenpole der Lust in Erscheinung treten können, zum einen die Unlust, diese spezielle Form der Unwilligkeit, die ganz ohne Schmerz auftreten kann, und zum anderen die Lustlosigkeit, das völlige Fehlen von Lust z.B. bei an schwerer Depression Erkrankten, also jene Zustände, in denen ein Erleben von Lust völlig unmöglich geworden ist. Schmerz, Unlust, Lustlosigkeit, schmerzerfülltes Lusterleben, lustvoller Schmerz und schmerzfreies Lustempfinden auf der gleichen phänomenologischen Ebene anzusiedeln, wird damit höchst fragwürdig.

Schon dieser kleine Streifzug durch die Bedeutungslandschaft des Wortes Lust, seiner Übersetzungen, seiner Pendants und Gegenspieler zeigt die ungemeine Vielgestaltigkeit dieses Begriffes und welcher Raum sich hier öffnet für Verirrungen und Verwirrungen, wenn wir mit dem Begriff Lust Erfahrungen des Schönen festmachen wollen. Was versteht Immanuel Kant, der die Lust ja als zentrales Moment beim Erleben und Beurteilen von Schönem ansieht, unter diesem Begriff? Für ihn ist Lust im Zusammenhang mit dem Schönheitserleben dann gegeben, wenn sich ein interesseloses Wohlgefallen einstellt. Seiner Ansicht nach drückt sich Lust als Wohlgefallen in einem Gefühl des Angenehmen aus, das sich in uns breit macht und uns erfüllt. Stellt sich bei Betrachtung eines Gegenstandes, einer Situation bzw. einer Beziehung ein solches Gefühl des Angenehmen ein, empfinden wir den Gegenstand, die Situation oder die Beziehung als schön. Erst in einem zweiten Schritt, so Kant, vergleichen wir das sinnlich Wahrgenommene mit dem bisher von uns Erfahrenen und kommen so zu einem Schönheitsurteil. Dieses Urteil, ob etwas schön ist oder eben nicht, muss aufgrund seiner Grundlegung in einer Empfindung immer ein subjektives bleiben. Es erhebt aber dennoch im Regelfall den Anspruch auf Allgemeingültigkeit: Weil ich es als schön beurteile, *ist* es auch schön. Das Schöne wird also nach Kant von uns primär sinnlich als etwas Lustbringendes wahrgenommen, welches das Gefühl der

Lust erzeugt, also als etwas, das in uns ein Gefühl des Angenehmen auslöst. Das Schöne und die Lust im Sinne eines im Angesicht des Schönen sich unmittelbar einstellenden Gefühls des Angenehmen sind damit untrennbar miteinander verbunden.

Das Schöne löst in uns ein Lustempfinden aus. Diese „Lust" empfinden wir im geringsten Ausmaß als ein „angenehmes" Gefühl, in seinen Steigerungsformen dann als „wunderbar anmutendes" Gefühl bis hin zu rauschhafter Begeisterung und Faszination (sic! *fascinatio* – lat. Behexung, Verhexung). Wenn wir etwas Schönes sehen, hören, schmecken, riechen oder fühlen, reagieren wir darauf mit einem solchen Lustgefühl. „Es ist angenehm, Schönes zu erleben", „Schönes bereitet uns Vergnügen", „Schönes macht uns Freude" sind dann die Ausdrucksweisen, mit denen wir dieses positive Gefühl der Lust im Zusammenhang mit dem Schönen belegen. Schöne Dinge, schöne Menschen, schöne Situationen, schöne Beziehungen bereiten uns Lust; sie erfreuen, weil sie schön sind: „ideo delectare quia pulchra sunt" (Augustinus 1997). Dieses sich am Schönen erfreuen, auf das Augustinus in seinem im Jahre 390 n. Chr. verfassten Frühwerk *De vera religione* Bezug nimmt, stellt immer eine unmittelbare Empfindung dar. Dieses positive Gefühl, das wir als Lust bzw. Lustgefühl bezeichnen können, stellt sich einfach ein, wenn wir Schönes wahrnehmen, auch ganz ohne theoretischen Hintergrund, ganz ohne Begriffsbelegung und ganz ohne kognitive Bewertung. Schön ist das, „was uns ohne Begriff allgemein gefällt", führt dazu Kant (1790/1995b) in seiner *Kritik der Urteilskraft* aus. Ein italienisches Sprichwort besagt: „Non è bello ciò che è bello ma è bello ciò che piace" – „Schön ist nicht das, was schön ist, sondern schön ist das, was gefällt." Schönheitserleben ist also nicht primär Resultat eines kognitiv begründbaren Urteilsspruches zwischen den Kategorien „schön" und „hässlich", sondern es entäußert sich vordergründig darin, dass uns etwas gefällt. Was heißt hier aber *gefallen*? Wann können wir sagen, dies oder jenes gefällt mir, weil es schön ist? „Etwas gefällt" bzw. „Gefallen finden an etwas" heißt nichts anderes, als Lust im Angesicht des Schönen zu empfinden.

Schönes ist etwas angenehm Gefühltes, das als etwas angenehm Gefühltes für uns Schönes ist. Das Gefühl des Angenehmen, das uns in seinen stärkeren Ausprägungen wohlig durchströmt bis ganz erfüllt, bestimmt das für uns Schöne. Wenn sich dieses angenehme Gefühl im Anblick eines Gegenstandes, im Erleben einer Situation oder im Herstellen einer Beziehung unmittelbar und damit auf nichts anderes rückführbar einstellt, dann „wissen“ wir, dass dieser Anblick, dieses Erleben und/oder dieses In-Beziehung-Treten einfach schön ist – ganz so, wie Hippias im Angesichte des von ihm zitierten schönen Mädchens oder auch schon in der bloßen Vorstellung davon ganz unmittelbar und sicher „weiß“, dass dieses Mädchen schön ist. Hippias verallgemeinert sein Wissen um die Schönheit, indem er nicht davon spricht, dass ein schönes Mädchen nur für ihn schön ist, sondern dass ein schönes Mädchen eben schön ist, weil es schön *ist* – und es *ist* schön, weil es *für ihn* schön ist.

Dieses Gefühl des Angenehmen ist untrennbar mit dem Schönen verbunden. Das Angenehme ist immer auch ein Schönes und das Schöne ist immer auch ein Angenehmes. Auf den ersten Blick scheinen somit das Angenehme und das Schöne eins zu sein. Dieses Eins-sein bezieht sich allerdings nur auf den Umstand, dass das Angenehme als ein Aspekt des Schönen untrennbar mit ihm verbunden ist. Das Erleben von Schönem ist aber keineswegs immer nur auf ein angenehmes Gefühl zu reduzieren, Schönes ist also nicht mit dem Angenehmen ident. Es kann, wie später noch zu zeigen sein wird, weit über das bloß Angenehme hinausreichen. Auch die Betrachterperspektive macht einen Unterschied zwischen dem Schönen und dem Angenehmen: Aus dem einen Blickwinkel (der „kognitiv-sprachlichen“ Perspektive) betrachtet erweist sich das für uns Schöne als eine mit dem Begriff *Schönes* zu bezeichnende Erscheinungsform, im anderen Blickwinkel (dem „emotional-vorsprachlichen“) erweist es sich zumindest als ein angenehmes Gefühl, das sich eben im Angesicht schöner Dinge, schöner Situationen bzw. schöner Beziehungen einstellt. „Schönes“ kann somit auch schon von einem Neugeborenen wahrgenommen werden, lange bevor dieses die Möglichkeit hat, etwas über das Schöne zu wissen, es treffsicher zu benennen oder gar zum „Wesen“ des Schönen zu referieren. „Man muss Wasser nicht verstehen, um kopfvoran hineinzuspringen.“ Dieser Satz, den Robert Seethaler in seinem Roman *Der Trafikant* Sigmund Freud sagen lässt, verweist in brillanter Kürze und Prägnanz auf einen weitgehend ungeklärten Umstand. Wir können nämlich ganz offensichtlich komplexe Vorgänge wahrnehmen und komplizierte Zusammenhänge (wenn auch oft nur rudimentär) herstellen, ohne über die Fähigkeit zu verfügen, sie auch sprachlich dingfest zu machen. Ohne Zweifel betreten wir hier das weite Erlebnisfeld der Intuition.

Der Wille zum Schönen und die Intuition

Das Feld des intuitiven Spürens, Wissens und Handelns verdiente es, als hochfruchtbarer Acker wissenschaftlich-philosophisch und ästhetisch-phänomenologisch weitaus tiefgreifender bestellt zu werden, als es bisher geschehen ist. Es ist nicht Aufgabe dieser Schrift, die Intuition im Allgemeinen mit all ihren Aspekten des intuitiv Fühlens, Wissens und Handelns hinsichtlich ihrer Phänomenologie und Grundlagen umfassend zu untersuchen. Da aber das Schönheitserleben und damit das Erkennen der Existenz (lat. *existentia* – Dasein, Bestehen) eines Willen zum Schönen als Naturkraft wesentlich – wie noch zu zeigen sein wird – von unseren Fähigkeiten zu intuitivem Spüren und „Wissen" begleitet und geleitet ist, müssen hier doch einige grundlegende Bemerkungen zur Intuition angebracht werden, um die nachfolgende Argumentation zu einem von Beginn unseres Lebens an vorhandenen Willen zum Schönen zu untermauern.

Unter Intuition wird im allgemeinen Sprachgebrauch „das unmittelbare, das nicht diskursive, nicht auf Reflexion beruhende Erkennen, Erfassen eines Sachverhalts oder eines komplizierten Vorgangs verstanden", also jenes Erkennen und Wissen um Sachverhalte oder Vorgänge, das auf „Eingebung" bzw. „unmittelbar ahnendem Erfassen" basiert (Duden 2013). Als Synonyme für Intuition werden im Duden (2013) Empfinden, Gefühl, Gespür, innere Stimme, Instinkt, (umgangssprachlich) Bauch-Ahnung, Anwandlung, Erleuchtung, Idee, Impuls, plötzliche Erkenntnis und Eingebung genannt. Es handelt sich bei der Intuition um einen Vorgang, der unabhängig von unserem Wollen, also unabhängig von unseren Intentionen plötzlich in Gang kommt und uns unmittelbar ohne bewusste Reflexion ein bestimmtes Wissen bereitstellt. Der Encyclopaedia Britannica zufolge stellt Intuition eine natürliche Fähigkeit oder Kraft dar, die uns ermöglicht, etwas zu wissen, ohne hierzu über Beweise (proof) oder stichhaltige Indizien (evidence) zu verfügen: ein Spüren (feeling), das eine Person in ihren Handlungen in bestimmter Weise leitet, ohne dass diese ganz versteht, warum (gerade in dieser und nicht in anderer Weise). Intuition wird somit als rasche und griffbereite Einsicht in Sachverhalte bzw. Situationen gesehen, als ein nicht nur unmittelbares Erkennen, Auffassen, sondern auch als Begreifen und Wissen ihrer Zusammenhänge (Encyclopaedia Britannica 2015; übersetzt vom Autor).

Der Begriff der Intuition steht damit in Zusammenhang mit dem Erspüren von Situationen und Prozesshaftem und mit dem, was üblicherweise als Empathie oder Einfühlungsvermögen bzw. in letzter Konsequenz als emotionale Intelligenz ausgewiesen wird. Es handelt sich bei der Intuition demnach auch um eine Fähigkeit, in kürzester Zeit, im Zehntel- bis Millisekundenbereich, Dinge bzw. Situationen „instinktiv" zu erfassen, um z.B. je nach Gespürtem eine Flucht- bzw. Kampfreaktion einzuleiten oder den bzw. das Gegenüber zum gemeinsamen Verbleiben einzuladen. Die beiden einfachsten Gefühlsformen sind hier einerseits das Unwohlsein bzw. ein Sich-unwohl-Fühlen (das von uns Menschen in der Regel als Angst bzw. Bedrohung erlebt wird) und andererseits das Wohlsein bzw. ein Sich-wohl-Fühlen (das von uns Menschen als Gefühl des Angenehmen erlebt wird). Das Wahrnehmen von Schönem im Sinne des Fühlens des Angenehmen entpuppt sich damit als existentiell grundlegende Gefühlserlebensform und der Wille zum Schönen dann als archaische Urkraft, die uns zu eben dieser Gefühlserlebensform antreibt und so für unser Dasein unverzichtbar wird.

In der Philosophie wird der Intuition, dem Intuitiven, in der Regel der Diskurs, das Diskursive, gegenübergestellt, wobei *diskursives Erkennen* im letzten (eigentlich richtiger: im ersten) auf mitteilbaren und damit auch gut empirisch belegbaren Sinneswahrnehmungen bzw. auf sinnlicher Wahrnehmung beruht, auf denen dann kognitive Interpretationen aufbauen. Demgegenüber ist intuitives Erkennen unmittelbar erspürtes Wissen, das eben aufgrund der Unmittelbarkeit seines Erscheinens nur schwer diskursiv mitteilbar ist. Dieses intuitive Erkennen findet unabhängig von unserem mit bewussten Erfahrungen bzw. mit Gelerntem und Erlerntem angereicherten Wissen statt. Intuition erlaubt uns damit das, was Edmund Husserl (1859-1938) in seinen *Ideen zu einer reinen Phänomenologie und phänomenologischen Philosophie* (Husserl 1993) als ersten und damit alle phänomenologische Erkenntnis grundlegenden Schritt seiner Wesensschau gefordert hat. Nur in einer Betrachtungsweise, die sich freimacht von vorbestehenden Wissens- bzw. Erfahrungsinhalten, Vorannahmen bzw. früher schon akquirierten und elaborierten Konzepten, kann das Betrachtete, sei es nun ein Ding, eine Situation oder eine Beziehung, so gesehen werden, wie es (sie) uns wirklich erscheint. Dann, in einem zweiten Schritt wird mittels eidetischer Reduktion – also jener

Vorgehensweise, bei der das Erscheinende auf das reduziert wird, was es als bestimmte Erscheinung eben ausmacht – das Zufällige in der Erscheinung vom Wesentlichen getrennt und damit das uns Erscheinende als idealer Gegenstand abgebildet. Auf diese Weise kann dann das Wesen (*eidos*) des betrachteten Dings, der betrachteten Situation und/oder Beziehung „geschaut“ werden.

Die Grundvoraussetzung für diese Wesensschau ist das, was Karl Jaspers später phänomenologische Intuition nennen wird, jenes weit über bloße Empathie hinausgehende sich in einen Anderen, sich in ein Anderes Hineinversetzen. Intuition, intuitives Spüren und Wissen ist hier im Erkenntnisprozess kein Mangel, den es auszumerzen bzw. zumindest zu minimieren gilt, sondern ein Mehr, das seinerseits überhaupt erst, als Voraussetzung jedweder phänomenologischer Erkenntnis, Wissenszuwachs ermöglicht. Erst die intuitive Herangehensweise an ein uns Gegebenes ermöglicht es, dieses uns als ein Phänomen Gegebenes, also Erscheinendes, in seinem Wesen zu erkennen.

Auch für Carl Gustav Jung (1875-1961) ist die intuitive Herangehensweise fundamental. Das „Intuieren“ ist neben dem Empfinden, Denken, Fühlen eine der vier psychologischen Grundfunktionen, die seiner Meinung nach eine Persönlichkeit konstituieren (Jung 1995). Als unmittelbares gefühlsmäßiges Erfassen bzw. zumindest Ahnen ermöglicht es ein rasches Erkennen nicht nur von bestehenden Gefahrenmomenten, sondern auch von etwaigen zukünftigen Entwicklungen. Dieses Intuieren, als intuitives Spüren und „Wissen“ ist auf das Engste mit dem verbunden, was er als kollektives Unbewusstes bezeichnet. Dieses kollektive Unbewusste stellt seiner Theorie nach neben dem individuellen Unbewussten bzw. über dieses hinaus ein archaisches ererbtes Unbewusstes dar, das uns allen zu Eigen ist. Dieses kollektive Unbewusste ist eine aus dem Dunkel des Nichtbewussten wirkende innere Kraft, die wesentlich unser bewusstes Denken und Handeln mitbestimmt und, „als historischer Hintergrund der Psyche (betrachtet), in konzentrierter Form die ganze Abfolge der Engramme (enthält), welche seit unmessbar langer Zeit die jetzige psychische Struktur bedingt haben“ (Jung 1995). Im Unterschied zum individuellen Unbewussten ist das kollektive Unbewusste nicht vom einzelnen Individuum persönlich erworben, sondern enthält archaische Inhalte, die über viele Generationen von Menschen zurückreichend bis in archaische Urzeiten erworben wurden und weitervererbt werden.

Es soll hier nicht der Frage nachgegangen werden, ob es ein vererbbares Unbewusstes gibt oder nicht; aus phänomenologischer Sicht steht aber fest, dass das, was wir als intuitives Spüren und „Wissen“ erfahren und dessen Grundlage Jung im kollektiven Unbewussten verortet, schon seit frühester Kindheit (und möglicherweise sogar schon davor intrauterin) Wirkung entfaltet und uns auf diese Weise die Möglichkeit bietet, intuitiv, also vorbewusst, Dinge, Situationen und Beziehungen „zu bewerten“. Dieses „Bewerten“ ist natürlich nicht bewusst kognitiv geleitet im Sinne einer verstandesgemäß vernünftig vollzogenen Beurteilung, sondern entäußert sich in einem basalen Fühlen, das uns vorsprachlich und in manchen Fällen auch vorbewusst zwischen einem Angenehmen und Unangenehmen und damit auch zwischen einem Schönen und Nichtschönen unterscheiden lässt. Ein angenehmes Gefühl stellt sich unmittelbar ein, wenn in unserem emotionalen Gedächtnis das von uns Wahrgenommene Engramme anspricht, die eine solche positive Reaktion induzieren.

Das Empfinden von Angenehmen und Unangenehmen und damit auch das erste Wahrnehmen von Schönem bzw. Nichtschönem ist zunächst im Unbewussten verortet. In manchen Fällen verbleibt es auch dort, nämlich dann, wenn das Empfundene die Bewusstseinsschwelle nicht überschreitet – oder wie beim Neugeborenen noch gar nicht überschreiten kann. Das Fühlen des Angenehmen bzw. Unangenehmen bleibt dann in der Sphäre, die Slavoj Zizek als „das bekannte Unbekannte“ bezeichnet (Žižek 2014) oder Jacques Lacan als das „Wissen, das sich nicht weiß“ (zit n. Žižek 2011). Mit der hier verhandelten vorbewussten Schönheitswahrnehmung tritt auch der Wille zum Schönen als eine zum Schönen drängende Urkraft in Erscheinung, die in uns im Unbewussten, im bekannten Unbekannten, in unserem dunkeln Inneren ihre Wirksamkeit entfaltet, die wir dann als intuitives Fühlen des Schönen erleben.

Die Schönheitswahrnehmung und mit ihr der uns erscheinende Wille zum Schönen sind somit zuvorderst dem weiten Feld des Intuitiven zuzurechnen und als basale und unmittelbare Erlebensweisen von einer sprachlichen Entäußerungsmöglichkeit bzw. einem selbstreflexiven Bewusstsein völlig unabhängig. Auch Neugeborene erfassen schon über das unmittelbare Spüren von Angenehmen, was für sie schön ist, also noch lange vor der Sprachentwicklung und lange bevor sie ein Schönes als Schönes bezeichnen und auch als solches verstandesmäßig beurteilen könnten. Dass sie Angenehmes erspüren können, ist schon allein durch die leicht replizierbare Beobachtung belegt, mit welchem Enthusiasmus und welcher Akribie der Nippel der Mutterbrust gesucht wird und mit welcher Freude (fast wäre man verleitet zu sagen: mit welcher Inbrunst, mit welch leidenschaftlicher Hingabe) dann der Saugakt vollzogen wird. Aufgrund der Ergebnisse der Hirnforschung an Frontalhirngeschädigten wissen wir heute, dass es sich bei diesem Saugvorgang um einen unwillkürlichen Reflex (den Saugreflex) handelt, der dadurch ausgelöst wird, dass ein Gegenstand in die Nähe des Mundes des Neugeborenen geführt wird. Dieser Reflex wird nicht nur durch den nahenden Nippel der Mutterbrust ausgelöst, sondern auch durch andere Gegenstände. Das Neugeborene saugt an allem, was in die Nähe seiner Lippen kommt.

Zusammen mit dem Greifreflex (alles wird von der Hand reflexhaft umschlossen, was in die Nähe der Handinnenfläche kommt) erlangt das Neugeborene bzw. Kleinstkind ein erstes Raum- bzw. Größengefühl und neben dem ersten rudimentären Seinsgefühl des „ich bin" (*ich* nehme es, *ich* stecke es in den Mund, der Teil von *mir* ist) auch ein erstes Gefühl für das Habensverhältnis „Mein" („*ich habe* ..."). Mit zunehmender Ausbildung des Frontalhirnlappens, dessen ungestörte Funktion hoch mit den Fähigkeiten der Selbstkontrolle und des überlegten, selbstgewollten und zielorientierten Handelns korreliert, verschwinden dann diese „Primitivreflexe". Sie werden im Weiteren auch nicht mehr gebraucht, der dem Kleinstkindalter entwachsene Mensch ist ja zum selbstgewählten und selbstkontrollierten Handeln (zumindest bis zu einem gewissen Grade) fähig. Bei Schädigungen des Frontalhirns, z.B. nach Schädelhirntraumen bzw. im Rahmen von dementiellen Hirnabbauprozessen, können diese Reflexe dann wieder in Erscheinung treten.

Dieses Wissen um die „Primitivreflexe" erklärt zwar den Saugakt selbst, trägt aber nichts zum Verständnis der lustvoll begeisterten Hingabe des Neugeborenen beim Gestilltwerden bei. Das Neugeborene saugt ja nicht einfach nur, um Nahrung aufzunehmen (als das wir es erst viel später rationalisieren), sondern es erlebt das Saugen an der Mutterbrust, wie es in seiner Mimik für alle offenbar wird, als etwas höchst Angenehmes und dementsprechend auch vorbewusst als etwas Schönes. Dieses Etwas-als-angenehm-Erleben steht, wie oben angeführt, in engem Zusammenhang mit Engrammen des emotionalen Gedächtnisses. Um welche Engramme handelt es sich hier? Sind es die von C.G. Jung postulierten ererbten oder doch möglicherweise erst intrauterin erworbene? Eine vorläufige Antwort und Verständnishilfe können uns hier die empirischen Forschungsarbeiten des Neurobiologen und Hirnforschers Gerald Hüther dienen. In seinen Forschungen an noch nicht geborenen Primaten konnte er nachweisen, dass erste emotionale „Erinnerungen" bereits intrauterin angelegt werden (Hüther & Krens 2008; Hüther 2013).

In einem so einfach angelegten wie in seinen Ergebnissen eindrucksvollen Experiment ging er der Frage nach, warum Kaninchen die Zitzen des Muttertieres finden. Er versetzte das Fruchtwasser in der Gebärmutter des schwangeren Muttertieres mit Zitronensäure und bestrich nach der Geburt den Rücken des Muttertieres mit dieser, was die gerade Neugeborenen dazu veranlasste, am Rücken die Zitzen der Mutter zu suchen. Ähnliche Untersuchungen führte er auch an Ratten durch. Hier reinigte er sorgfältig die Zitzen der Muttertiere von allen Duft- bzw. Aromastoffen und bestrich den Rücken mit Fruchtwasser, das er während der Schwangerschaft der Fruchtblase entnommen hatte, und auch in diesem Fall folgten die bei der Geburt weitgehend noch blinden Neugeborenen dem Geruch. Damit gelang ihm einerseits der Nachweis, dass bereits intrauterin erste Engramme im emotionalen Gedächtnis gebildet werden, und andererseits, dass schon das Neugeborene im Vertrauten das für es Attraktive, also das es anziehende Angenehme wahrnimmt. Hier ist es der Geruch, der den Neugeborenen schon intrauterin vertraut wurde (unabhängig davon, ob es reines Fruchtwasser oder die Zitronensäure im Fruchtwasser war).

Das Vertraute ist also das Attraktive. Ganz ähnlich beim Menschen: Auch hier ist das Vertraute der Geruch der Mutter, d.h. sind es die von der Mutter drüsenmäßig abgesonderten Pheromone, welche die Brustwarzen der Mutter wie das Fruchtwasser riechen lassen und ein angenehmes Gefühl induzieren. Und dieses Angenehme wird dann als ein eben bereits Bekanntes und Vertrautes wieder gesucht und veranlasst das Neugeborene auch im ihm vertrauten Angenehmen begeistert an der Mutterbrust zu saugen. Der Wille zum Schönen, dieses Angezogen-Werden vom Schönen wird damit schon in den ersten Lebenstagen sichtbar.

Dass das eben diskursiv Verhandelte ein allgemeines Prinzip bei Säugetieren darstellt und nicht gleichsam nur als Einzelfall ausschließlich auf den Saugakt als überlebenswichtige Nahrungszufuhrmöglichkeit für Neugeborene zutrifft, illustriert ein weiterer

Versuch, bei dem eine Gruppe von Müttern dazu angehalten wurde, möglichst viel Anis während der Schwangerschaft zu essen, während einer zweiten der Anisgenuss verwehrt blieb. Den neugeborenen Kindern wurde dann kurz nach der Geburt ein anisgetränkter Schwamm unter die Nase gehalten, worauf die Kinder der Mütter, die Anis während der Schwangerschaft in großen Mengen zu sich nahmen, positiv auf Anis reagierten, während die andere Gruppe keine solchen Reaktionen zeigte. Damit gelang der Nachweis, dass Verhaltensweisen, die früher einem letztlich genetisch angelegten Instinkt zugeordnet wurden, zumindest zu einem Teil auf Leistungen eines schon intrauterin angelegten emotionalen Gedächtnisses zurückzuführen sind.

Das einen später angenehm Berührende, das für einen Menschen Attraktive wird also bereits vor der Geburt angelegt. Das post-partum gespürte vorbewusste Hingezogensein zum Angenehmen und damit zum Schönen wird damit schon intrauterin determiniert. Da das Hingezogensein zum Schönen spürbarer Ausdruck eines Willens zum Schönen ist, heißt dies aber auch, dass der Wille zum Schönen nicht nur beim Menschen, sondern zumindest bei allen Säugetieren bereits vorgeburtlich wirksam wird. Dabei ist zu betonen, dass intrauterin nicht nur Engramme im emotionalen Gedächtnis erstellt werden, die nach der Geburt als emotionale Orientierungen dienen, sondern dass der Fötus selbst (natürlich erst ab einem gewissen Reifungsgrad) auch auf Veränderungen der Beisätze des Fruchtwassers direkt reagieren kann. So trinken Föten wesentlich mehr Fruchtwasser, wenn dieses süß ist. „Setzt man ihm eine bittere Substanz zu, saugen und schlucken sie deutlich weniger. Übrigens mögen Föten auch keine Nikotinaroma, und auch Spuren von Alkohol im Fruchtwasser schmecken ihnen nicht“ (Hüther & Krens 2008). Wie aber die oben genannten Versuche mit Anis und Zitronensäure nahelegen, „gewöhnt“ sich der Fötus bei chronischer Verabreichung offenbar an bestimmte Zusätze, selbst wenn diese primär von ihm nicht als angenehm gespürt werden, womit durchaus auch solche zu einem Vertrauten sowie später zu einem Anziehenden und damit zu einem vorbewussten Schönen werden können. Solche Mechanismen könnten auch als Erklärung für den massiv erhöhten Anteil von Alkoholkrankheiten bei Kindern von alkoholkranken Müttern herangezogen werden, womit ein weites Feld für Spekulationen über die Genese von Suchterkrankung bzw. süchtigem Verhalten geöffnet wird.

Die angeführten Experimentergebnisse und Überlegungen zusammenfassend ist erstens festzuhalten, dass bereits Föten emotionale Reaktionen zeigen, dass es auch für sie bereits intuitiv Angenehmes und Unangenehmes und damit intuitiv erfahrenes, vorbewusstes Schönes und Nichtschönes gibt, zweitens, dass sie vom Schönen unmittelbar angezogen werden und sich ihm zuwenden, während sie nicht Schönes meiden, und drittens, dass ein primär Nichtschönes, wenn es wiederholt in vertrauter, sicherer und damit angenehmer, also schöner Umgebung verabreicht wird, später noch zu einem Schönen werden kann. Das bisher zum vorgeburtlich intuitiv erfahrenen Schönen Angeführte trifft übrigens nicht nur für Geruchsinneswahrnehmungen zu. Föten hören nicht nur den Herzschlag der Mutter, sondern auch ihre Stimme. Ebenso können Musikstücke, die während der Schwangerschaft oft gespielt werden, später als ein bereits vertrautes Schönes erlebt werden.

Föten fühlen auch Spannungen wie Enspannungen der Mutter und vor allem in späteren Schwangerschaftsphasen auch liebevolle Zuwendungen des Vaters im Sinne von Streicheln und sanften Berührungen (Hüther & Krens 2008). All das wird offenbar im emotionalen Gedächtnis gespeichert und ist dann nachgeburtlich, oft sogar lebenslang verfügbar. Das Schöne und damit auch das Nichtschöne begleiten uns damit von Anbeginn unseres Daseins an, manchmal sogar ein Leben lang. Wir werden ebenso wie zumindest auch die höheren Säugetiere ein Leben lang zum Schönen hingezogen, womit auf eine zumindest über den Menschen hinausreichende „Universalität" des Willens zum Schönen verwiesen wird. Das vorbewusste intuitive Wahrnehmen von Angenehmem und Schönem und dessen Speicherung im emotionalen Gedächtnis findet aber auch nach der Geburt und sogar in verstärktem Maße statt.

Die ersten Lebensjahre, also jene, in denen Schönes vorzugsweise noch vorbewusst wahrgenommen wird, sind von besonderer Bedeutung für den emotionalen Gedächtnisspeicher. In diesem Zeitabschnitt des Lebens werden offenbar in besonderem Maße solche Engramme gebildet, die uns viel später in oft ganz unvermittelt erlebte und für uns selbst oft völlig unverständliche emotionale Wallungen versetzen können. So kann es in bestimmten Atmosphären zu einem plötzlichen Auftreten von Angstgefühlen oder auch zu angenehmen Gefühlen kommen. Dabei spielen der Geruchssinn und der Geschmackssinn als Auslöser eine ganz zentrale Rolle. Weniger bedeutend, aber noch immer deutlich wirksam sind hier auch der Hör- und Tastsinn. Kleinkinder sind außerdem bereits fähig, ein Schönes visuell wahrzunehmen. So konnte zum Beispiel in empirischen Untersuchungen zur Schönheitswahrnehmung von Kleinstkindern nachgewiesen werden, dass Säuglinge bereits im Alter von drei Monaten attraktiveren Gesichtern mehr Aufmerksamkeit widmen als weniger attraktiven (Braun et al. 2001). All diese letztendlich durch sinnliche Wahrnehmungen im Kindesalter gesteuerten Reaktionen können unter bestimmten Vorbedingungen ein solches Ausmaß erreichen, dass das Gefühlte und Erlebte in die Dimension des Pathologischen gehoben wird und Störungen auftreten, die nach alter Nomenklatur den Neurosen zuzurechnen sind.

Diese vorbewusste intuitive Wahrnehmung des Schönen und seine Speicherung im emotionalen Gedächtnis geht mit Ausbildung des Frontalhirnlappens, zusehender Vernetzung der Nervenzellen im Großhirn, einem damit einhergehenden Leistungsfähigkeitszuwachs im kognitiven Bereich und nicht zuletzt dem Einsetzen der Sprachfähigkeit immer mehr in ein bewusstes Schönheitserfahren über, wobei der beurteilende Vergleich von früher sinnlich Wahrgenommen und als angenehm und schön Befundenen mit dem nun sinnlich Wahrgenommenen in den Vordergrund rückt. Hier zeigt sich der Wille zum Schönen erstmals in einem mehr oder weniger bewussten emotional-kognitiven Kombinationsakt eines Vom-Schönen-angezogen-Werden und Zum-Schönen-gedrängt-Werden. Der Wille zum Schönen erhält damit die Chance, als archaische in uns wirkende Urkraft in unser Bewusstsein zu treten. Erst jetzt ist Schönheitserfahrung als kognitiv-emotionales Geschehen und Schönheitserleben möglich.

Ob ein vorbewusster Wille zum Schönen wirklich nur auf Säugetiere beschränkt bleibt, ist schon allein deshalb zu bezweifeln, als das Schöne auch bei Tieren niederer Gattungen zumindest (aber keineswegs ausschließlich) im Zusammenhang mit dem Fortpflanzungsakt eine große Rolle spielt. Denken wir an das Pfauenrad oder an die wunderbaren Lockgesänge von Vögeln während der Begattungszeit. Wie schon oben bei der Verhandlung der Motivation zum Sexualakt beim Menschen darauf hingewiesen wurde, ist der Hauptmotivator zum Geschlechtsakt auch beim Tier nicht die Fortpflanzung, sondern das schöne Erleben des Akts selbst. Von einer Fortpflanzung können Tiere gar nichts wissen, weil sie im Gegensatz zum Menschen nur „das Offene ... (das) Nirgends ohne

Nicht: das Reine, Unüberwachte, das man atmet und unendlich *weiß* und nicht begehrt" sehen können, wie es Rainer Maria von Rilke (1875-1926) in seiner achten Duineser Elegie so treffend ausdrückte. Es ist offenbar das angenehme Gefühl, das beim Sexualakt verspürt wird, also das Schöne der sexuellen Handlung, das Tiere zum Sexualakt drängt; auch hier zeigt sich der Wille zum Schönen als ein oft sogar ungestümes Drängen hin zum Schönen des Sexualakts, das so lange als Ausdruck eines Fortpflanzungswillens verkannt wurde. Wie stark dieser Wille zum Schönen der Sexualität nicht nur für den Menschen, sondern auch für manche Säugetiere sein kann, zeigt sich unter anderem an dem oft in Stierzuchten zu beobachtenden Phänomen, dass Stiere in Abwesenheit von Kühen diesen Willen zum Schönen in gleichgeschlechtlichen sexuellen Handlungen befriedigen.

Aber auch dort, wo keine gegengeschlechtliche Vereinigung zur Fortpflanzung vonnöten ist, kommt dem Schönen in der Natur offensichtlich eine besondere Rolle zu. Es gibt so viel Schönes in der Welt: die ganze schöne Tierwelt mit ihren wunderbaren Farben und unzähligen wohlgestalten Lebensformen; die Pflanzenwelt in ihrem schier unendlichen Formen- und Farbenreichtum und selbst noch im Fossilienbereich finden wir ungeheuerlich schön Versteinertes, das auf ein Schönes in der Erdennatur schon in fernsten Urzeiten verweist. Ein Beispiel dafür ist eine *Parapuzosia seppenradensis*, ein in seinen Ausmaßen beeindruckender Ammonit (Durchmesser: ca. eineinhalb Meter) aus der Oberkreidezeit mit einem Alter von ca. 72 Millionen Jahren, den man im LWL-Museum für Naturkunde (Westfälisches Museum für Naturkunde) in Münster besichtigen kann. Andere Beispiele für wunderschöne Fossilien, die sogar ein Alter von bis zu 150 Millionen Jahren aufweisen, können unter anderem im Oberösterreichischen Landesmuseum Linz bewundert werden.

Sie alle zeugen davon, dass unsere Natur auch schon vor mehr als 150 Millionen Jahren von schier unglaublicher Schönheit war. Als Menschen stehen wir hier vor einem Mysterium, also vor einem Sachverhalt, welcher sich der eindeutigen Aussagbarkeit und Erklärbarkeit entzieht. Man kann sich aber des Eindrucks nicht erwehren, dass möglicherweise immer schon ein universeller Wille des Schönen am Werke war. Wie könnte man es anders erklären, dass es so viel Schönes in der uns umgebenden Natur gibt, das schon existierte, lange bevor der Mensch mit seinen Reflexionsmöglichkeiten die Weltbühne betrat. Wie soll man es erklären, dass eine Schnecke, die vor Millionen Jahren lebte, in ihren Schönheitsmaßen dem entsprach, was wir Menschen viel später dann als Superlativ der schönen Harmonie mit dem Begriff „Goldener Schnitt" belegt haben. Wer kann glauben, dass diese Schnecke vor Millionen von Jahren in dieser Schönheit nur entstand, damit wir uns dann Millionen Jahre später an deren Schönheit erfreuen können. Auch wenn wir über keine überzeugenden Erklärungen verfügen, so ist es doch Faktum, dass das, was der Mensch als Schönes wahrnehmen und identifizieren kann, schon lange vor seiner Existenz bestand.

Wenn es ein vorbewusstes Schönheitsempfinden beim Menschen und bei den Säugetieren gibt, könnte es dieses dann nicht auch bei anderen Tierarten, möglicherweise auch bei Pflanzen oder überhaupt bei allem Lebendigen geben? Wir wissen z.B., dass auch Pflanzen auf positive Stimmungen und Atmosphären (und natürlich auch auf deren Gegenteil) reagieren können. Aber wie und wodurch werden solche Reaktionen vermittelt? Was ist für Pflanzen und niedere Tiere das „Angenehme" und was das „Unangenehme"? Wie und wodurch nehmen niedere Tierformen und Pflanzen das „Angenehme" wahr? Viele Fragen, auf die wir heute noch keine Antworten haben. Wir wissen auch nicht, woher wir als Menschen kommen, wie das, was wir heute Natur nennen, entstanden ist, und wir werden es – trotz all der bis heute entwickelten Erklärungsversuche, die aber allesamt in letzter Konsequenz nicht lückenlos schlüssig sind – es auch nie wissen.

Für Menschen, die sich – wie uns manche Religionsvertreter glauben lassen wollen – als „Krönung der Schöpfung" der Natur gegenüberstehend erleben, die dieser Natur also nicht angehören und mit ihr nichts anderes gemein haben, als dass sie sich diese, „die für sie da ist", untertan machen können, mag es doch verwunderlich sein, dass schöne Dinge bzw. schöne Lebenwesen vor Millionen Jahren schon Bestand hatten, um dann Millionen Jahre als solches unerkannt bleiben zu müssen, bis eben der Mensch als Krönung der Schöpfung erscheint, um endlich auch das seit Millionen Jahren bestehende Schöne als schön entdecken zu können. Wenn wir uns Menschen stattdessen als Teil der Natur erkennen, was dem heutigen Wissenstand doch wesentlich näherkommt, dann erscheint das Postulat eines immer schon dagewesenen Schönen und auch eines immer schon dagewesenen Willens zum Schönen unter einem anderen Licht. Unter diesem Blickwinkel wird es der Natur durch uns Menschen erstmals möglich, den in ihr immer schon wirkenden Willen zum Schönen zu Bewusstsein zu bringen. Die Natur, so kann man dann argumentieren, schafft sich durch, mit und in uns Menschen die Möglichkeit, Schönem und somit auch dem in ihr wirksamen Willen zum Schönen nicht nur bewusstseinslos ausgesetzt zu sein, sondern ihn auch bewusst zu erleben; und sie eröffnet sich darüber hinaus die Möglichkeit – die es im zweiten Band noch diskursiv zu verhandeln gilt –, selbst aktiv Schönes in die Welt zu setzen, ja letztendlich selbst mit uns und durch uns Menschen eine schönere Welt, wiederum schönere Natur zu schaffen.

Ohne Zweifel bewegt man sich mit solchen Annahmen und Schlussfolgerungen tief im Reich der Spekulation. Wir werden nie wissen, woher wir kommen, woher die Natur kommt, woher all das nicht von uns geschaffene Schöne kommt und woher der Wille zu einem solchen Schönen stammt. Unabhängig aber von der Nicht-Beantwortbarkeit dieser Fragen steht es für uns Menschen doch außer Zweifel, dass wir da sind, dass es das, was wir als Natur bezeichnen, auch wirklich gibt, dass es Schönes gibt und dass es auch eine Kraft gibt, die uns zum Schönen hinzieht bzw. uns zum Schönen drängt, die wir als Willen zum Schönen benennen. Diesen Willen zum Schönen erleben wir als eine archaische Urkraft, die ganz offensichtlich von unserem Bewusstsein unabhängig ist, eine von Natur aus gegebene Universalkraft, die auch fähig ist, Schönes in die Welt zu setzen.

Zum Verständnis einer „Schönes in die Welt setzenden Universalkraft“ können die Arbeiten des österreichischen Naturforschers Bruno Maria Klein (1891-1968) zum „Artefakt-Biofakt“-Konzept hilfreich sein (Klein 1943). Das Wort „Biofakt“ ist im Gegensatz zum „Artefakt“ (lat. *ars* – Kunst, lat. *factum* – gemacht) ein Hybrid aus dem griechischen Wort „bios“ (...) und dem lateinischen Wort *factum*. Warum Klein das griechische Wort „bios“ anstelle des lateinischen Wortes *vita* für Leben wählte, erklärt er in seinem 1961 erschienenen Artikel „Gehäusebauende Amöben. Mit einer Betrachtung über Biofakt und Artefakt“ (Klein 1961) damit, dass der Begriff *vita* eher für ein statisches Leben als Wesen steht, während die griechische Bezeichnung *bios* für ein dynamisches sich veränderndes Leben einsteht, im Besonderen für ein sich selbst aktiv veränderndes Leben im Sinne eines „dynamisch-produktiven Lebens“. Der Begriff Biofakt bildet damit den Gegenpol zum Begriff Artefakt, der eine „vom Lebendigen zweckdienliche geformte leblose Substanz“ ausdrückt. Außerdem ordnet sich das Wort Biofakt durch die Kombination mit ‚bios‘ gut in die große einschlägige Wortfamilie ein, zu der u.a. Biologie, Biomechanik und Bio-Ästhetik gehören“ (Klein 1961).

Für Klein setzen sich alle Organismen aus Biofakten, also einem „gewachsenen Lebendigen und/oder in Totes Umgewandelten“, und Artefakten, also einem aus „lebloser Substanz Gestalteten“ zusammen (Aescht 2015). Diese Biofakte sind in der *biozentrischen* Sichtweise Kleins in ihrem Eigenleben und in ihrem weiteren Werden zumindest bis zu einem gewissen Grade autonom. Darin unterscheiden sie sich, neben anderem, auch wesentlich davon, wie die Philosophin und Biologin Nicole Christine Karafyllis (2006) den Begriff „Biofakte“ versteht. Für Karafyllis sind Biofakte ihrer *anthropozentrischen* Wortverwendung nach von Menschenhand geschaffene „biotische Artefakte, d.h. sie sind oder waren lebend“ sowie „sowohl gemacht als auch geworden“ und daher „phänomenologisch betrachtet Lebewesen, weil man sie wachsen sieht und sie wie traditionelle Bekannte aussehen, aber sie sind in ihrem Wachsen und Werden nicht autonom, d.h. eigengesetzlich“ (Karafillys 2006) wie z.B. Klone, gentechnisch modifizierte Lebewesen, im Reagenzglas gezeugte Tiere und Menschen etc. Diese „Biofakte“, wie von Karafillys definiert, haben damit auch nur sehr wenig, wenn überhaupt, dann nur tangential etwas mit dem gemein, was Bruno Maria Klein unter „Biofakten“ versteht. Um begriffliche Verwirrungen zu vermeiden, werden in diesem Diskurs zum Willen zum Schönen als Naturkraft nur Biofakte im Sinne von Bruno Maria Klein verhandelt.

„Zellen, Organe oder ganze Lebewesen bringen (nach der Ansicht Kleins) als Biofakte spezielle Teilkomponenten, darunter auch Artefakte hervor, sind selber aber nichts Gemachtes, sondern Gewachsenes“ (Aescht 2015). Der Ausdruck Biofakt wird hier also „einmal auf die Zelle, dann wieder auf das Organ und schließlich auch auf den ganzen Organismus bezogen, ohne dass diese verschiedenen Bezogenheiten in einer entsprechenden Unterteilung des Biofaktbegriffes ihren Ausdruck gefunden hätte. Die Begründung ergibt sich aus früher gegebenen Daten: Das Biofakt ist nämlich weder die Zelle als solche, noch das Organ als solches, noch der Organismus als solcher, sondern nur deren lebende Substanz. Und diese ist im wesentlichen gleich gekennzeichnet, gleichgültig, ob sie in einer Zelle, in einem Organ oder in einem Organismus wirkt“

(Klein 1943). Diese Biofakte können Artefakte erzeugen, primäre und sekundäre Artefakte. Primäre Artefakte sind „was vom Biofakt als lebloser Substanz im oder am eigenen Leib erzeugt wird", wie z.B. Radnetzbau. Ein sekundäres Artefakt ist, „was ein Biofakt außerhalb seines Leibes, ebenfalls aus lebloser Substanz, erzeugt ... Sekundäre Artefakte werden im Gegensatz zum primären Artefakt vom Erzeuger nicht ausschließlich für sich selbst hergestellt, sondern auch (z.B. Gemeinschaftsbauten ...) oder ausschließlich (z.B. Brutbauten) für andere, vor allem artgleiche Individuen" (Aescht 2015, siehe auch: Klein 1943, 1961).

Die sekundären Artefakte „sind unterteilt in das Technische Artefakt und das Kunstartefakt", wobei das erstgenannte „einem Leistungs- oder Gebrauchszweck" dient, während das letztgenannte „überwiegend Luxus" ist. Technische Artefakte „steigern die Leistungen eines vorhandenen Organs über seine Leistungen hinaus", Kunstartefakte „stellen heraus, was sich innerlich, organisch vollzieht" und „geben davon eine symbolhafte Darstellung" (Aescht 2015; siehe auch: Klein 1943, 1961). Hinter all dem stehen nach Ansicht Kleins verschiedene Triebe, „wie z.B. ein ‚Bautrieb' oder ‚Kunstrieb' [...], der bei allen Tieren durch den Instinkt, beim Menschen auch noch durch den Intellekt gesteuert wird" (Aescht 2015). Schon die niedersten Lebewesen bis hin zu den Einzellern (Foissner 2015) erzeugen als Biofakte Artefakte, und keineswegs nur solche, die einer bestimmten Erweiterung von Funktionen dienen, sondern durchaus auch solche, die als luxuriöse bzw. schöne keine unmittelbare Funktion haben (Klein 1966). Die Natur selbst stellt demnach seit jeher Schönes her und zwar offensichtlich in seinen primitivsten Formen seit Anbeginn ihres Bestehens. Schönes in die Welt zu setzen ist damit immer schon ein (vorerst noch unbewusstes) Tun der Natur selbst. Es ist daher auch Kleins Kritik an anthropozentrischen Kunstursprungstheorien nur zuzustimmen, die er in dem Satz zusammenfasst: „Die Anfänge menschlicher Kunst, *die einer bei Tier und Mensch gleicherweise gegebenen Tendenz entspringen* [Hervorhebung durch den Autor; M.M.], primär aus kultischen oder rein geistigen Motiven abzuleiten, bedeutet eine Rationalisierung, d.h. einem unbewusst gesteuerten Tun wird willkürlich ein bewusstes Motiv unterlegt" (Klein 1951).

Diese Tier und Mensch in gleicher Weise „gegebene Tendenz", die treibende Kraft, Schönes hervorzubringen, das ist jener Urwille der Natur, den wir aufgrund seiner Ausrichtung als Willen zum

Schönen bezeichnen. Er wird hier gerade im „Naturschönen", im Schönen also, das von der Natur seit jeher selbst geschaffen wurde, in besonderem Maße sichtbar. Der Mensch, selbst Teil der Natur und damit auch selbst Natur, erlaubt mit seinen reflexiven Fähigkeiten der Natur erstmals, das von ihr selbst geschaffene Schöne auch als ein solches Schönes, als ihr eigenes Schönes wahrnehmen zu können. Es ist ihr damit auch erstmals möglich, dieses Schöne nicht nur in vorbewusster Weise „wahrzunehmen" bzw. zu „registrieren" (in welcher Art und Weise dieses auch immer erfolgte), sondern durch den Menschen als Teil der Natur das Schöne auch bewusst wahrzunehmen, zu erfahren und zu erleben, um letztendlich eben dann durch, mit und in ihm auch Schönes in die Welt zu setzen, sei es nun als Biofakte (nicht nur wie bei Nicole Christine Karafyllis, sondern auch in Form von Pflanzenzucht, Tierzucht, Garten- und Landschaftsgestaltung) oder als Artefakte im engeren Sinn, wie Kunstgegenstände, Musik, Tanz, Performance etc., oder auch als besondere „Soziofakte" im Sinne der Entwicklung und Entfaltung schöner Lebensformen in Gemeinschaft mit anderen.

Der Wille zum Schönen und das Schönheitserleben

Bisher wurde die Wahrnehmung des Schönen beim Menschen im Wesentlichen Kant folgend über den Aspekt des Lusterlebens, des sinnlichen Fühlens des Angenehmen festgemacht. Dementsprechend wurde der Wille zum Schönen als ein Angezogenwerden vom Schönen im Sinne eines Hingedrängtwerden zum Angenehmen angesehen. Die Beschränkung auf nur diesen einen Aspekt der Schönheitswahrnehmung stellt aber eine nicht statthafte und dazu folgenschwere Reduktion des Schönheitserlebens dar. Denn, das Wahrnehmen von Schönem ist immer hochkomplex, auch schon beim Neugeborenen. Das Schöne, wie wir es als Menschen erleben, ist von Beginn an nicht auf ein einfaches Gefühl des Angenehmen zu reduzieren, auch wenn uns das manche sich an einem simplifizierenden Behaviorismus orientierende Forscher mit ihren Tierversuchsstudien glauben machen wollen. Die Fachliteratur von psychischen Störungen im Allgemeinen und Suchterkrankungen im Besonderen ist voll von solchen „Tiermodellen des menschlichen Verhaltens", die allesamt davon ausgehen, dass unser ganzes Leben, ebenso wie das von Mäusen, Ratten oder Kaninchen, nur auf primitiven Lust-Unlust-Beziehungen basiert. Schönes wahrzunehmen, ist aber schon von Beginn unseres Menschendaseins an ein hochkomplexer emotionaler Prozess mit verschiedenartigsten Facetten – und das sogar schon zu einem Zeitpunkt, an dem Menschen noch gar nicht über Möglichkeiten verfügten, diese Facetten und Aspekte in ihren Einzelheiten zu reflektieren und sprachlich auszudrücken.

Schon das Neugeborene empfindet im Saugakt keineswegs nur *eine* Lust im Sinne eines Angenehmen, sondern viel mehr. Es spürt im Stillakt nicht nur das angenehme Gefühl, das sich bei Nahrungszufuhr einstellt, nicht nur die Lust am Hungerstillen, das Schöne am Trinkakt. Sein Lusterleben ist wesentlich vielschichtiger und facettenreicher. Es spürt nämlich gleichzeitig mit dem Hungerstillen, indem es den Nippel der Mutterbrust in seinem Mund nimmt, eine (vorerst noch als unzertrennlich wahrgenommene) leibliche Verbundenheit mit der Mutter und gleichzeitig eine Geborgenheit und Sicherheit. Dazu kommen natürlich auch Gefühle des Vertrauten und Altbekannten, hier vor allem, wie oben bereits ausführlich diskutiert, vertraute Gerüche und nicht zuletzt die Wärme des Körpers der Mutter und das Erleben der verschiedenen Formen ihrer liebevollen Zuwendung. All dieses Gespürte bringt das Neugeborene in einen Zustand der Glückseligkeit, der sich dann in seinem Antlitz unverkennbar widerspiegelt. Hier verschmilzt das Gefühl des Angenehmen, als primitivster Aspekt der Schönheitswahrnehmung, mit den verschiedenen Facetten und Aspekten eines komplexen Lusterlebens sowie auch mit einem Durchflutetwerden von Glückseligkeit.

Die drei Aspekte des Schönen: das einfach nur Angenehme, das hochkomplexe Lustempfinden und das leibliche Durchflutetwerden von Glückseligkeit; sie alle drei stehen in einer engen Wechselbeziehung miteinander und können sich so im gegenseitig verstärkenden Gleichklang das Schönheitserleben intensivieren. Umgekehrt kann bei Ausfall von nur einem die Schönheitsempfindung auch minimiert werden. Dass dieses Gefühl der Lust des Neugeborenen im Saugakt in der Tat so facettenreich ist und Glückseligkeit nicht nur durch ein einfaches Gefühl des Angenehmen zustande kommt, kann leicht sichtbar gemacht werden, indem man dem Säugling eine dieser Komponenten entzieht. Entschwindet ihm nämlich eine dieser Facetten, wird dieser Umstand unmittelbar mit unlustvollem Geschrei quittiert, sei es nun der Verlust der Geborgenheit oder auch nur eine verloren geglaubte Sicherheit. Manchmal reicht schon der Entzug der vollen liebevollen Zuwendung der Mutter, weil sie durch etwas anderes abgelenkt wird, dass das Lustempfinden bei der Nahrungsaufnahme nicht mehr ausreicht, um den Saugakt auch als umfassend schön wahrnehmen zu können. Er wird dann auch in der Regel vom Säugling rüde unterbrochen, um mittels zu diesem Zeitpunkt schon verfügbarer Mittel der Gestik, Mimik und Lautgebung alles daran zu setzen, die verloren gegangenen Aspekte des Lustempfindens wiederzuerlangen.

Der Wille zum Schönen ist demnach schon beim Neugeborenen nicht nur ein Wille zum Angenehmen, sondern eben Wille zum Schönen im Sinne des Willens zu den drei Facetten des Schönen, dem Angenehmen, dem hochkomplexen Lustempfinden und einer leiblich erlebten Glückseligkeit. Damit zeigt sich die Wandlungsfähigkeit des Willens zum Schönen. Ist er in seiner primitivsten Ausprägungsform einfach ein Streben und Drängen nach Angenehmen, entfaltet er sich mit der Weiterentwicklung der Möglichkeiten des Menschen und damit der Natur hin zu einer äußerst komplexen Kraft. Mit zunehmendem Alter kommen dann zu den archaischen Lustaspekten und -facetten, wie wir sie schon beim Säugling beobachten können, noch die kognitiven Aspekte der Lusterfahrung und des Lusterlebens hinzu, wie z.B. das Reflektierenkönnen des lustvoll Erlebten und damit Schönen, die Möglichkeit der Erzählungen vom Schönen, das phantasiereiche Ausgestalten des Schönen und nicht zuletzt auch das Erinnern von Schönem, als Grundlage für die treffsichere Beurteilung von Schönem.

Genauso wie das Erleben von Schönem ein komplexes Erleben ist, so ist auch der Wille zum Schönen ein komplexes Wollen, vor allem in seinen Ausrichtungen und Fokussierungen. Indem der Wille zum Schönen immer mit seinem Drängen und Treiben *alles* Schöne in uns und um uns herum im Brennpunkt hat, entfaltet er seine Wirkung auch auf alle Komponenten und Formen des Schönen hin. Diese Einzelteile des Schönheitserlebens sind allerdings erlebnismäßig so eng miteinander und ineinander verwoben, dass man sie nicht mehr als „Komponenten“ oder „Teile“ bezeichnen sollte, sondern vielmehr von Teilaspekten bzw. Facetten eines Gesamterlebnisses sprechen sollte. Diese Ausdruckswahl entspricht deutlich mehr der beobachtbaren Realität. Wenn wir etwas als schön erleben, dann erleben wir es immer in seiner Gesamtheit schön und nicht nur in seinen Teilkomponenten. Die „Teilkomponenten“ sind nämlich nur besondere Ausformungen des Ganzen, das wir das Schöne nennen. Ganz so wie der Mensch nicht aus „Teilen“ zusammengesetzt ist, nicht aus Körper und Psyche besteht und der Körper nicht aus Körperteilen wie Armen, Beinen, Rumpf, Kopf etc., sondern auch diese eben nur besondere Ausformungen eines Ganzen, nämlich des Menschen sind, so sind die genannten Komponenten oder Teile des Schönen auch besondere Ausformungen des Schönen, denen, genauso wie den „Körperteilen“ des menschlichen Körpers, jeweils ein bestimmter Handlungsspielraum mit einer gewissen Bewegungsfreiheit zur Verfügung steht. Diese Teile, die eben eigentlich nur Teil*aspekte* sind, bringen das Ganze in eine harmonische Ganzheit, eben in das *„das Schöne“*. „Konstitutiv für die Schönheit ist die Freiheit der Teile für sich innerhalb einer Einheit oder Ganzheit“ (Han 2015). Die hier von Byung-Chul Han angesprochenen „Teile“ sind nicht „Einzelteile“ im herkömmlichen Sinne, mit denen man etwas zusammensetzen könnte, sondern sie sind vielmehr „zu freiem Einklang versöhnte Momente“ des Schönen, wie es Hegel (1842/1976) in seinen Ästhetik-Vorlesungen ausdrückte. Schönheitswahrnehmung, -erfahrung bzw. -erleben, als Ausdruck des Wirkens des Willens zum Schönen ist immer ein Gesamtwahrnehmen, eine Gesamterfahrung bzw. ein Gesamterleben von Schönem in all seinen mannigfachen Ausformungen, in all seinem Facettenreichtum und in all seinen so begeisternden und berauschenden wie harmonischen und beglückenden Momenten.

Beim Saugakt nimmt der Säugling das mannigfach Schöne in seiner Gesamtheit einfach als „schön“ wahr. Es ist einfach schön für das Baby, an der Mutterbrust zu nuckeln, auch wenn dieses vorbewusste, intuitive Schönheitserleben – wie oben angeführt – mehrere Aspekte aufweist. Ebenso ist es auch für den erwachsenen Menschen einfach schön, einen schönen Gegenstand zu betrachten, sich in einer schönen Situation oder in einer schönen Beziehung zu befinden, obwohl auch hier natürlich höchst facettenreiche Schönheitswahrnehmungen, Schönheitserfahrungen und Schönheitserlebnisse die Grundlage für das Gesamterleben „es ist schön“ sind. Im Rahmen von phänomenologischen Analysen können wir dieses Gesamtschöne in Einzelteile „zerlegen“, indem wir Teilaspekte bzw. Facetten des (Gesamt)Schönen als Einzelteile bzw. Teilkomponenten abstrahieren, um dann ihre Zusammensetzungen und ihr Zusammenwirken besser untersuchen und verstehen zu können. Bei solchen Fragmentierungen eines Ganzen und dem Abstrahieren von Einzelteilen desselben im Rahmen reduktionistisch-empirischer Analysen muss man sich aber immer bewusst bleiben, dass es sich bei dem zur Analyse Anstehenden eben nur um künstliche Fragmente handelt.

Das hier angesprochene komplexe Schönheitserleben ist nicht die Summe all dieser künstlich geschaffenen „Teilkomponenten" und „Einzelelemente", sondern es ist als ein Ganzes naturgemäß immer mehr als die Summe seiner einzelnen Faktoren. Diese „Einzelelemente", „Teilkomponenten" oder „Faktoren" des Schönheitserlebens sollten auch nicht mehr als solche benannt werden, sind sie doch als Kunstprodukte nicht Teile des Ganzen, sondern Teilaspekte bzw. Facetten eines Ganzen, sei es nun das Schönheitserleben als Ganzes oder der Wille, der uns dorthin treibt und drängt. Das von uns an Schönem Wahrgenommene, Erfahrene und Erlebte ist ebenso wie der Wille zum Schönen selbst immer ein als Ganzes unmittelbares Wahrgenommenes, Erfahrenes und Erlebtes. Es ist auch dieses Ganze mit all seinen Aspekten und in all seinem Facettenreichtum, was in der einfachen Benennung „das (es) ist schön" zum Ausdruck kommt, zu dem wir uns in seiner Ganzheit, nämlich „dem Schönen", hingezogen bzw. hingedrängt fühlen.

Dieses „das ist schön" kann ganz unterschiedliche Ausmaße annehmen. Es kann etwas nur „schon recht schön" oder aber „sehr schön", „wunderschön" bis hin zu „überwältigend schön" sein. Der Wille zum Schönen drängt uns nicht zu einem quantitätsneutralen „schön sein", sondern immer zu einem Mehr an Schönem, zu immer mehr Schönem. Er ist eine Kraft, die uns nicht nur nach immer größerer Intensität des Schönheitserlebens drängt, sondern auch zum Auffinden von neuem Schönen. Schopenhauer (18181/1971) behauptete, dass das Schöne nur leidensvermindern wirke. Sören Kierkegaard alias Victor Eremita (1843/2007) verortet das Schöne als ein Instrument der Verführung. Das Schöne ist aber vor allem auch Verheißung und Versprechen, wie es Henri Beyle alias Stendhal in seiner Physiologie der Liebe *L'amour* betont (Stendhal 1842/1979). Schönheit wird von Stendhal als Verheißung von Glück gesehen und ist daher für ihn wie auch für Friedrich Hegel (1842/1976) und viele andere nur Schein, weil sie in ihrer Wirkung auf uns eben nur auf etwas Nachfolgendes verweist, nämlich auf das Glück, hier durchaus auch als Glücklichsein verstanden. Der Wille zum Schönen entäußert sich nicht nur in der Anziehungskraft des Schönen, sondern nicht zuletzt auch in einem Gedrängtwerden zum Glücklichsein im Auffinden von Schönem.

Der Drang zum Auffinden von einem schönen Neuen wird auch schon beim Kleinstkind in der noch vorbewussten Lebensphase erkennbar. Es verweilt nicht nur glückselig im Herkömmlichen, Altbekannten, Vertrauten, Geborgenheit- und Sicherheit-vermittelnden, sondern macht sich schon sehr bald auf die Suche nach neuem Schönen und exploriert schier unermüdlich seine Umgebung darauf hin. Jedem, der die Faszination und Begeisterung eines Kindes bei der Erforschung seines Umfeldes – die gar nicht selten zum Leidwesen der Eltern vor nichts und niemanden Halt macht – und die sich einstellende Glückseligkeit erlebt hat, wenn etwas Schönes, Glänzendes und/oder Leuchtendes gefunden wird, weiß, was berauschende Beglückung, von Nietzsche Verzückungsspitze genannt, ist. Hier wird ein weiterer wesentlicher Aspekt des Willens zum Schönen sichtbar: das Hin-gezogen-Werden bzw. Hingedrängt-Werden zum Faszinierenden im Sinne des Verhexenden und Behexenden, zum Begeisternden, Berauschenden bis hin zum Ekstatischen, also zu dem, was Nietzsche als das Dionysisch-Schöne bezeichnete und dem Apollinisch-Schönen gegenüberstellte.

Der Wille zum Schönen strebt aber nicht *nur* nach immer mehr Schönem, wie Stendhal behauptet. Er drängt nicht als blindwütige unstillbare Kraft nur nach immer mehr Schönem, um auf solche Weise nie Befriedigung erlangen zu können. Ein andauerndes ununterbrochenes Streben nach immer mehr Schönem muss ja zwangsläufig im Unbefriedigten enden; kaum wäre dieses Mehr erreicht, müsste er ja sofort weiterstreben nach noch mehr, ganz im Sinne des Schopenhauer'schen Willens zum Leben, der auch nie befriedigt werden kann. Der Wille zum Schönen drängt zur Befriedigung im Schönen, indem er einerseits, wie am Beispiel der intuitiven vorbewussten Schönheitswahrnehmung des Säuglings an der Mutterbrust bereits illustriert, zum Verweilen im harmonisch Schönen einlädt und andererseits als innere Kraft, die in Begeisterung und Faszination sichtbar wird, zu immer neuem Schönen treibt. Die Zweigesichtigkeit des Schönen, mit dem Apollinischen einerseits und dem Dionysischen andererseits, entspricht einer Doppelausrichtung des Willens zum Schönen. Er drängt einerseits in Richtung des apollinisch Schönen und damit zum Angenehmen, Harmonischen, Beruhigenden und Entspannenden, und andererseits in Richtung des dionysisch Schönen und damit zum Faszinierenden, Begeisternden, Berauschenden, Ekstatischen, Beunruhigenden und Spannenden. Der Wille zum Schönen zieht uns zum einen hin zum Bekannten, Althergebrachten, Vertrauten und damit Geborgenheit Vermittelnden und zum anderen zum Neuen, Noch-nicht-Bekannten, Noch-nicht-Vertrauten, Fremden und damit zum freudvolle Spannung Vermittelnden. Beide allein ausgelebt bringen noch keine Befriedigung. Eine wirkliche Befriedigung erfährt der Wille zum Schönen, dieses innere Drängen hin zum Schönen, erst im virtuosen kontrapunktischen Zusammenspiel und Zusammenklingen von Apollinischem und Dionysischem. Ein solches Zusammenspiel von apollinisch Schönem und dionysisch Schönem liefert uns dann auch die Grundlage für eine Lebensgestaltung, in der das Leben zu einer Symphonie werden kann, für eine Lebens- und Weltgestaltung im Schönen.

Der Wille zum Schönen als Kraftquelle

Dieser Wille zum Schönen wirkt in all seinen Facetten nicht nur in einem sich Hingezogen-Fühlen zu all dem apollinisch Schönen bzw. in einem Hingedrängt-Werden zu all dem dionysisch Schönen, sondern er wirkt auch als allgemeine Kraftquelle in und für uns. Das heißt, als naturgegebener „innerer Beweger" bewegt er uns nicht nur in unserem Fühlen, sondern ist darüber hinaus natürlicher Kraftgenerator und Energiespender im Allgemeinen. Der Wille zum Schönen treibt uns nicht nur zum Schönen, er ist für uns allgemeine Antriebskraft und damit zentrale Lebenskraft, die alles bewegende Urkraft der Natur. Der Wille zum Schönen ist eine nie versiegende Quelle, aus der wir jederzeit Kraft schöpfen können; er ist wie der Brunnen, dem Rilke in seiner achten Duineser Elegie huldigt, wenn er ein Tiererleben beschreibt: „... und wenn es geht, so geht's in Ewigkeit, so wie die Brunnen gehen ..." (Rilke 1912-1922/2002). *Der Brunnen, der geht in Ewigkeit*, das ist der Wille des Schönen. Wie stark wir ihn spüren, wie stark er in uns wirkt, wie viel Kraft er uns gibt, das hängt vor allem damit zusammen, wie viel und wie stark wir uns selbst dem Schönen aussetzen bzw. wie viel wir uns auf das Schöne einlassen.

Wir Menschen allein können aus diesem immerwährenden, „in Ewigkeit gehenden" Brunnen des Willens zum Schönen Kraft auch bewusst, also wissentlich und willentlich schöpfen. Die deutsche Sprache liefert uns hier ein durchaus passendes Bild, indem sie ein „Wasser aus dem Brunnen *schöpfen*" und das „Kraft *schöpfen*" mit dem gleichen Verbum belegt. In dem Maße, in dem wir uns auf das

Schöne hin orientieren und es auf uns wirken und in uns eindringen lassen, schöpfen wir aus dem Brunnen des Willens zum Schönen und schenkt er uns seine Kraft. Auf diese Weise bietet sich uns die Möglichkeit, einen selbstverstärkenden Kreisprozess zu etablieren: Das bewusst erlebte Schöne gibt uns, indem wir aus dem Willen des Schönen Kraft schöpfen, eben jene Kraft, die wir brauchen, um neues Schönes zu schaffen, wobei dieses neu geschaffene Schöne uns dann, wenn wir uns auf es einlassen und in uns wirken lassen, wieder ein Mehr an Kraft schöpfen lässt. Durchbrochen kann dieser Kreislauf nur dann werden, wenn wir uns dem Nicht-Schönen in solchem Maße zuwenden und aussetzen, dass kein Raum mehr bleibt, um aus dem Vollen der Urkraft des Willens zum Schönen zu schöpfen. Der sich selbst verstärkende positive Kreisprozess des Kraftgenerierens kehrt sich um und wir geraten in einen negativen Verstärkerkreislauf des Kraftverlustes: Aufgrund des fehlenden Schönen schöpfen wir nicht nur keine Kraft mehr aus dem Willen zum Schönen, sondern der damit verbundene Kraftverlust führt auch dazu, dass wir aufgrund unserer Kraftlosigkeit kein neues Schönes mehr schaffen können und das Unschöne immer mehr die Überhand gewinnt.

Dass wir im Angesicht des Schönen aus dem Vollen des Brunnens des Willen zum Schönen schöpfen und er damit zu unserer Kraftquelle und zu unserem Kraftgenerator der besonderen Art wird, kann jeder leicht nachprüfen. Wie viel Kraft haben wir zum Beispiel an einem schönen Sommertag, an einem sonnigen Morgen, der noch dazu von einem kühlen Lüftchen geziert wird – und wie viel weniger Kraft haben wir an einem unschönen, feuchten nass-kalten Tag in der rauen Übergangszeit vom Herbst zum Winter. Wie viel Kraft entwickeln wir beim Gehen oder Laufen in einer wunderschönen Landschaft mit frisch-würziger Luft und wie viel weniger Kraft haben wir in einem unschönen, nur nach Effektivität aus- und eingerichteten Fitnesscenter, wo es nur polierte Bewegungsmaschinen statt duftender Bäume, Sträucher und Gräser gibt. Wie viel Kraft verleihen uns ein schönes neues Fahrrad oder schöne neue Schier und mit wie viel weniger Kraft sind wir auf einem gar nicht schönen, vielleicht sogar noch das Gefühl der Peinlichkeit aufkommen lassenden Fahrrad oder ebensolchen Schiern unterwegs. Wie viel Kraft wird uns beim kontemplativen Hören schöner Musik in einem wunderschönen Konzertsaal geschenkt und wie viel weniger Kraft haben wir, wenn wir in einer Industriezone einem Maschinengetöse ausgesetzt sind. – Und nicht zuletzt: Wie viel Kraft schöpfen wir aus einer schönen liebevollen Beziehung und wie viel Kraft kostet uns eine nicht mehr schöne, dafür aber schon lieblose Beziehung.

Diese kurze exemplarische Auflistung von Kraftspeisungen des Willens zum Schönen als Urkraft unseres Leben, die von schönen Dingen, Situationen bzw. Beziehungen ihren Ausgang nimmt, unterstreicht gerade auch im Vergleich mit jenem Kraftverlust, den wir durch Unschönes erleiden, die stärkende Wirkung von Schönem. Schönes sollte daher in unserem Leben nicht nur gleichsam als eine Zierleiste oder Belohnung an das Ende eines mit Leistung vollgefüllten und damit „erfolgreichen" Tages gesetzt werden, sondern ebenso wie die Nahrungsaufnahme einen ganz zentralen Platz in unserem Leben einnehmen. So wie wir feste und flüssige Nahrung zum Überleben aufnehmen müssen, brauchen wir auch das Schöne als Nahrung, nicht nur, um zu überleben, sondern um von einem reinem Überleben zum eigentlichen Leben selbst zu gelangen. Das Schöne ist dabei die unverzichtbare Nahrung des Willens zum Schönen, der Wille zum Schönen die unverzichtbare Kraft zum eigentlichen Leben, einem schönen Leben. Lebenskraft und Wille zum Schönen werden damit eins; nämlich *eine* Lebenskraft, die nicht nur Überlebenskraft ist, sondern eine Kraft, um über ein Überleben hinaus zu leben. Leben meint hier Erleben von und Leben im Schönen.

Mit uns und durch uns Menschen wird es der Natur möglich, ihr Leben im Schönen auch als ein schönes Leben bewusst zu erleben. Wir sind immer Teil dessen, was wir Natur nennen, aber nicht Teil im Sinne eines „Bestandteils", wie z.B. eine Schraube in einer Maschine, die man problemlos aus der Maschine entfernen und in eine andere Maschine einsetzen kann. Wir sind Teil der Natur im Sinne eines „Körperteils" des Menschen, der immer Teil des Ganzen ist und bleibt und in seiner lebenden Form nicht als nur ein „Bestandteil" des Körpers oder des Menschen zu sehen ist. Selbst dann nicht, wenn er im Falle einer Transplantation aus einem lebenden Körper, den wir Leib nennen, entfernt wird und in einen anderen Leib „eingesetzt" wird. Eine Organ- bzw. Körperteiltransplantation ist in keiner Weise mit einem Wechsel der Bestandteile einer Maschine gleichzusetzen. Der alles entscheidende Moment einer Transplantation ist nämlich nicht die sorgfältige handwerklich-chirurgische Einsetzungsarbeit, so wichtig sie auch immer sein mag, sondern die Aufnahme des neu „eingesetzten Körperteils“ als ein Körpereigenes, eigentlich korrekter ausgedrückt: als ein dem Individuum Mensch Zueigenes. Erst wenn das Transplantat als Ausformung des einen Ganzen, nämlich des Menschen in seiner Ganzheit im umfassenden Sinne des Wortes „einverleibt“ ist, dann erlangt es seine volle Funktion. Der Mensch ist immer ein lebendiges, eben leibliches Ganzes, wie auch die lebendige Natur immer ein lebendes Ganzes ist. Wir sind als „Teil“ von ihr zugleich Ausformung von ihr, wie ein Körperteil Ausformung des Menschen als Ganzen ist; auch wenn manche von uns – und in der westlichen Welt sind es gar nicht so wenige – in der Vorstellung verharren, dass wir in dieser Natur nur als in sie hineingesetzt leben, uns mit ihr also nur verbindet, dass wir in ihr, eigentlich richtiger: auf ihr leben. Wenn der Mensch nun eine besondere Ausformung der Natur ist, dann ist auch der in uns wirkende sowie in und von uns spürbare Wille zum Schönen eine besondere Ausformung der naturgegebenen und damit naturimmanenten Universalkraft zum Schönen.

Der Wille des Schönen ist es, der als naturgegebene Urkraft, als universeller Kraftgenerator und Energiespender all das Leben in der Natur und alles Erleben der Natur erst möglich macht. Dieser Wille zum Schönen, von dem hier die Rede ist, erscheint somit als wahrnehmbares, erfahrbares und erlebbares Phänomen, das nicht nur eine „blinde“ wirkende Kraft darstellt, sondern darüber hinaus die Ordnungskraft unserer Welt schlechthin ist. Für Kant ist es noch die Vernunft, die als oberste Ordnungskraft unser Leben bestimmt (bzw. bestimmen sollte). Schopenhauer zeigt uns dann auf eindrucksvolle Weise, dass mittels Vernunft im besten Fall eine zweite Ordnung geschaffen werden kann. Das basale, ubiquitär wirkende Ordnungsprinzip ist für ihn nicht die menschliche Vernunft, sondern ein letztendlich blind wirkender Wille zum Sein. Damit verweist er auf das Ausgeliefertsein des Menschen an eine dunkle Kraft, die viel mehr zur Entwicklung des Menschen und der Menschheit beiträgt, als der Mensch es selbst durch sein vernünftiges Hinterfragen und Entscheiden tun könnte. Nietzsche nimmt diese Willensmetaphysik auf, gibt ihr jedoch eine völlig andere Ausrichtung. Nicht mehr das Sein selbst ist nunmehr der Hauptfokus dieses bei Schopenhauer noch blind wütenden und so viel Leid bringenden Willens, sondern es ist nun die Macht, auf die er ausgerichtet ist – oder wie es Martin Heidegger (1961/1989) so treffend ausdrückte: Dieser Wille zur Macht ist eigentlich nichts anderes als ein Wille zu einem über das gegenwärtige Sein hinauswachsenden Werden des Menschen, zu einem Immer-Mehr-Werden.

Die Schopenhauer'sche Willensmetaphysik (und ebenso die von Nietzsche) dient dann später einerseits Freud, wie oben bereits ausführlich verhandelt, als ein Fundament seiner Triebtheorie und seiner Theorie des Unbewussten. Andererseits greift Viktor Frankl die Gedanken von Schopenhauer und Nietzsche zu einem ubiqitär wirkenden Urwillen auf, um seinen Willen zum Sinn zu postulieren (Frankl 1984). Frankl sieht im menschlichen Streben nach Sinn nicht nur die sekundäre Rationalisierung eines instinkthaften Getrieben-sein zum Leben (Alexander 2013). Für ihn ist dieses Streben nach Sinn Ausdruck einer den Menschen eigenen Urkraft, die allen anderen Formen des Getrieben-sein des Menschen voransteht und die er ihrer Ausrichtung nach Wille zum Sinn („will to meaning" – Frankl 1984) nennt.

Auch der in den dargelegten Diskursen ausgelotete und ausgeleuchtete Wille zum Schönen ist eine solche Urkraft, eine zentrale Kraft, die allen anderen Formen des Getrieben-sein voransteht und vorangeht. Der hier verhandelte Wille zum Schönen steht dem Frankl'schen Willen zum Sinn besonders nahe und zwar in zweifacher Hinsicht. Zum einen ist er eben auch zentraler Motor des menschlichen Daseins – er bleibt dabei allerdings nicht wie der Frankl'sche Wille zum Sinn in seiner Wirksamkeit auf den Menschen beschränkt. Zum anderen besteht offenbar ein enger Zusammenhang zwischen dem Schönen und dem Sinnvollen bzw. Sinnhaften. Schönes macht immer auch Sinn, behauptet Wilhelm Schmid (2005). Schönes und Sinn sind als grundlegend Bejahenswertes gleichzusetzen. Zu beiden sagen wir ganz unmittelbar „Ja". Ein sinnvolles bzw. sinnerfülltes Leben wird auch als ein schönes Leben gesehen und ein schönes Leben auch als ein sinnvolles. Besonders deutlich wird der Zusammenhang von Sinn und Schönem dort, wo Menschen in eine Sinnkrise bzw. in ein Sinnlosigkeitsgefühl geraten. Das passiert in der Regel immer dann, wenn das Leben kein schönes mehr ist bzw. wenn man es nicht mehr als ein schönes Leben erleben kann. Solange ein Leben ein schönes ist, stellt man sich gar nicht erst die Sinnfrage, erst wenn es nicht mehr schön ist, taucht üblicherweise die Frage nach dem „eigentlichen Lebenssinn" auf. Sie ist damit übrigens leider ganz zum falschen Zeitpunkt gestellt, da die Antwort in dieser Situation immer schon vorgegeben ist. Sich in einer unschönen Lebenssituation die Frage nach dem Sinn zu stellen, führt unweigerlich zur Antwort: Es macht oder hat keinen Sinn mehr; oder noch pointierter: Alles ergibt keinen Sinn.

Trotz dieses engen Zusammenhangs zwischen Sinn und Schönem ist der Wille zum Schönen keinesfalls mit dem Frankl'schen Willen zum Sinn gleichzusetzen – denn beide haben, trotz ihrer großen Schnittmenge, eine völlig verschiedene Grundausrichtung. Im einen Fall ist die Zielgröße der Sinn bzw. das Sinnvolle, selbst dann noch, wenn dieses selbstbestimmte Sinnvolle nicht nur wenig Schönes, sondern sogar ein hohes Maß an Unschönem in sich birgt. Im anderen Fall ist die einzige Zielgröße das Schöne, auch dann noch, wenn dieses Schöne (zumindest auf den ersten Blick) kein Sinngebendes oder Sinnmachendes mehr ist oder eben unter dem Blickwinkel eines bestimmten selbstgewählten (lustfeindlichen bzw. schönheitsfeindlichen) Lebenszugangs als nicht sinnvoll erscheint. Der hier verhandelte Wille zum Schönen zeigt, unabhängig von jenem zum Frankl'schen Sinn, vor allem deutliche Überschneidungsflächen mit jenen Willensformen, die von Schopenhauer bzw. Nietzsche als zentrale Antriebskräfte der Natur und damit des Menschen angesehen wurden.

Der Wille des Schönen wird, ganz so wie auch Schopenhauer den Willen zum Leben und Nietzsche den Willen zur Macht als jeweils alles bewegende Urkraft sehen, als *die* Urkraft bzw. als *die* zentrale Kraftquelle im Sinne des oben zitierten Kraftbrunnens aufgefasst. Der Unterschied des Willens zum Schönen zu den vorgenannten liegt einzig und allein in seiner Grundausrichtung. Der Brennpunkt seiner Ausrichtung ist weder das Sein noch die Macht, sondern einzig und allein das Schöne in all seinem Facettenreichtum. Der Wille zum Schönen sichert uns nicht nur unser Überleben, sondern gleichzeitig das Überleben alles Lebendigen in unserer Natur und er ermöglicht uns über reines Überleben hinaus ein für uns schönes Leben zu leben, ein schönes Menschenleben als integralen Bestandteil einer schönen Natur. Der Wille zum Schönen ist uns als archaische Urkraft aber nicht nur Kraftquelle und Energiespender, sondern gleichermaßen vorderste Ordnungskraft dieser unserer Welt, die wir Universum nennen. Er ist *der* Beweger aller geordneten Lebensbewegungen. Der Wille zum Schönen ist somit alles bestimmender Grund der von uns reflektierten Welt.

Literatur

Adorno TW (1951) Kulturkritik und Gesellschaft. Festschrift für den Soziologen Leopold von Wieseder 1951. In: Petra Kiedaisch (Hrsg.): Lyrik nach Auschwitz. Adorno und die Dichter. Reclam, Stuttgart 1995

Aescht E (2015) Das Leben ist schön. Aisthetische Wahrnehmung und Natur. In: Ausstellungskatalog der Ausstellung ‚Mythos Schönheit'. Facetten des Schönen in Natur, Kunst und Gesellschaft. Oberösterreichisches Landesmuseum/Schlossmuseum Linz. 6. Mai bis 29. Novemeber 2015. Hatje Canz Verlag, Ostfildern, 41-63

Alexander TM (2013) The Human Eros. Eco-ontology and the Aesthetics of Existence. Fordham University Press, New York

Anders G (1953) Günther Anders im Gespräch mit Max Bense über Martin Heidegger. Radioaufzeichnung 1.10.1953 SDR

Aristoteles (2010) Poetik. Griechisch/Deutsch. Reclam Stuttgart

Aristoteles (1996) Metaphysik. Rapp C (Hrsg.). Akademie Verlag, Berlin

Aristoteles (2013) Nikomachische Ethik. Guth K-M (Hrsg.). Hoffenberg, Berlin

Audi R (2001) Cambridge Dictionary of Philosophy. Second Edition. Cambridge University Press. Cambridge

Augustinus (1997) De vera religione (Über die wahre Religion). Lateinisch/Deutsch. Reclam, Stuttgart

Augustinus (2012) Sermon 19,5. In: Augustinus: Sermones – Predigten. 3 Teilbände. Übers. v. Buchmüller WG & Kohout-Berghammer B. Herder Verlag, Freiburg/Breisgau

Barthes R (1988) Fragmente einer Sprache der Liebe. Suhrkamp, Frankfurt a.M.

Baumgarten AG (1750/2007) Aesthetica. Philosophische Bibliothek 572a. Felix Meiner, Hamburg

Berleant A (2005) Ideas for a Social Aesthetics. In: Light A & Smith JM (eds.) The Aesthetics of Everyday Life. Columbia Universtity Press, New York

Bernegger G (2011) „Aesthetics of the possible". Vortrag auf dem Symposium der European Society of Aesthetics and Medicine, 11./12.02.20011, Berlin. Zit. n. Musalek M (2012) Das Mögliche und das Schöne als Antwort. Neue Wege in der Burn-out-Behandlung. In: Musalek M & Poltrum M (Hrsg.) Burnout. Glut und Asche. Parodos, Berlin

Bernegger G, Musalek M (2014) La forza del bello. Una prospettiva estetica nella cura. L'Arco di Giano 91, 90

Berner P & Musalek M (1989) Schizophrenie und Wahnkrankheiten. In: Platt D & Österreich K (Hrsg.) Handbuch der Gerontologie. Band 5. Neurologie und Psychiatrie. Gustav Fischer Verlag, Stuttgart, 279

Bieri P (2001) Das Handwerk der Freiheit. Über die Entdeckung des eigenen Willens. Carl Hanser Verlag, München

Blackburn S (1996) Oxford Dictionary of Philosophy. Oxford University Press, Oxford

Bloch E (1918/1971) Geist der Utopie. Faksimile-Ausgabe. Suhrkamp, Frankfurt a.M.

Böhme G (1995) Atmosphäre. Suhrkamp, Frankfurt a.M.

Braun E & Radermacher H (1978) Wissenschaftstheoretisches Lexikon. Styria, Graz/Wien/Köln

Braun C, Gründl M, Marberger C, Scherber C (2001) Beautycheck. Ursachen und Folgen von Attraktivität. Projektabschlussbericht. http://www.beautycheck.de/cmsms/index.php/der-ganze-bericht

Brecht B (1979) Svenborger Gedichte. Suhrkamp, Frankfurt a.M.

Brunner K (2015) Was ist Schönheit? Anmerkungen über Ästhetik und Augenblick. Edition Konturen, Wien

Buhlert K (2014) Hesiod – Theogonie. Das Hörspiel vom Ursprung des griechischen Götterhimmels. Hörspiel auf 2 CDs. Südwestrundfunk & Norddeutscher Rundfunk. Radomhouse Verlag, München

Bullock E & Trombley S (1999) The New Fontana Dictionary of Modern Thought. 3rd edition. Harper Collins Publisher, London

Bulough E (1912) ‚Physical' Distance as a Factor in Art and an Aesthetic principle. Brit J Psychology 5, 87

Celan P (1948/2002) Todesfuge. 2. Auflage. Rimbaud, Aachen

Clauß G (1995) Fachlexikon ABC Psychologie. Verlag Harri Deutsch, Frankfurt a.M.

Colli G (1988) Nachwort zu Band 12 und 13. In: Colli G & Montinari M (Hrsg.). Friedrich Nietzsche. Nachgelassene Fragmente 1887-1889. Kritische Studienausgabe. Bd. 13. Deutscher Taschenbuchverlag, München

Comte (1844/1994) Rede über den Geist des Positivismus. Philosophische Bibliothek. Übers. u. hrsg. v. Fetscher I. Meiner, Hamburg

Denker A (2011) Unterwegs in Sein und Zeit. Einführung in Denken und Leben von Martin Heidegger. Klett-Cotta, Stuttgart

Descartes R (1641/2009) Meditationen über die erste Philosophie. Felix Meiner, Hamburg

Dickie G (1964) The Myth of the Aesthetic Attitude. American Philosophical Quarterly 1, 56

Duden (2013) www.duden.de. Bibliographisches Institut GmbH, Berlin

Epikur (2013) Brief an Menoikeus. Hessler JE (Hrsg.) Schwabe Verlag, Basel

Erler M (2012) Schmerzfreiheit als Lust. Traditionelles in Epikurs Hedoniekonzept. In: Erler M & Rother W (Hrsg.) Philosophie der Lust. Studien zum Hedonismus. Schwabe Verlag, Basel

Fechner GT (1876) Vorschule der Ästhetik. Tredition, Hamburg (ursprüngl. Breitkopf & Härtl, Leipzig)

Feyerabend P (2002) Wider den Methodenzwang. In: Oberschelp M (Hrsg.) Absolute. Paul Feyerabend. Orange-press, Freiburg

Fichte JG (1845/1971) Fichtes Sämtliche Werke. Hrsg. v. Fichte IH. Veit, Berlin (Nachdruck: Walter de Gruyter, Berlin)

Foissner W (2015) Mythos Schönheit. Die eukaryotischen, heterotrophen Einzeller. In: Ausstellungskatalog der Ausstellung ‚Mythos Schönheit'. Facetten des Schönen in Natur, Kunst und Gesellschaft. Oberösterreichisches Landesmuseum/Schlossmuseum Linz. 6. Mai bis 29. Novemeber 2015. Hatje Canz Verlag, Ostfildern, 41-63

Förster H (1993) Wissen und Gewissen. Versuch einer Brücke. Suhrkamp, Frankfurt a.M.

v. Förster & Pörksen B (2003) Wahrheit ist die Erfindung eines Lügners. 5.Aufl. Carl-Auer-Systeme Verlag, Heidelberg

Foucault M (1983) Sexualität und Wahrheit. Bd. 1-3. Suhrkamp, Frankfurt a.M.

Frankl V (1984) Man's Search for Meaning. 3rd edition. Simon & Schuster, New York

Freud S (1905/1999) Drei Abhandlungen zur Sexualtheorie 1982. In: Freud S: Gesammelte Werke. Bd. 5. Fischer, Frankfurt a.M.

Fröhlich WD (1993) DTV-Wörterbuch zur Psychologie. Deutscher Taschenbuch Verlag, München

Fromm E (1978/2011) Haben oder Sein. 38. Auflage. Deutscher Ta-

schenbuch Verlag, München
Galimberti U (2007) Die Sache mit der Liebe. Eine philosophische Gebrauchsanweisung. Beck, München (Original: Galimberti U (2004) Le cose dell'amore. Giangiacomo Feltrinelli Editore, Milano)
Gebhart W (1996) Nachwort. In: Nietzsche F: Der Wille zur Macht. Versuch einer Umwertung aller Werte. 13. Aufl. Alfred Kröner Verlag, Stuttgart
Gegenfurtner KR (2004) Gehirn & Wahrnehmung. 2. Aufl. Fischer Taschenbuch Verlag, Frankfurt a.M.
Giovannelli A (2012a) Some contemporary developments. In: Giovanelli A (ed.) Aesthetics: The Key Thinkers. Continuum International Publishing Group, London
Giovanelli A (2012b) Aesthetics: The Key Thinkers. Continuum International Publishing Group, London
Goldman A (2005) The Aesthetic. In: Gaut B & Mc IverLopez D (eds) The routledge Companion to Aesthetics. 2nd edition. Routrledge, New York
Grimm J & Grimm W (1854/1999) Deutsches Wörterbuch. Verlag von S. Hirzel, Leipzig. (Nachdruck: Deutscher Taschenbuchverlag, München)
Gumbrecht HU (2003) Epiphanien In: Küpper J & Menke C (Hrsg.) Dimensionen ästhetischer Erfahrung. Suhrkamp, Frankfurt a.M.
Guthrie WKC (2005) The Sophists. Cambridge University Press, Cambridge
Haberkamp G (2000) Triebgeschehen und Wille zur Macht .Nietzsche – zwischen Philosophie und Psychologie. Nietzsche in der Diskussion. Königshausen & Neumann, Würzburg
Häcker H & Stampf K (1998) Dorsch Psychologisches Wörterbuch. Verlag Hans-Huber, Bern
Hampshire S (1954) Logic and Appreciation. In: Elton W. (ed.) Aesthetics and Language. Oxford University Press, Oxford
Han B-C (2015) Die Errettung des Schönen. Fischer, Frankfurt a.M.
Hegel GWF (1842/1976) Ästhetik. Bd. 1 u. II. Aufbau.Verlag, Berlin
Heidegger M (1927/2006) Sein und Zeit. 19. Auflage. Niemeyer, Tübingen
Heidegger M (1961/1989) Nietzsche. Erster und Zweiter Band. 5. Aufl., Neske, Pfullingen
Henckmann W & Lotter K (2004) Lexikon der Ästhetik. 2. aktualisierte und erweiterte Auflage. Beck, München

Hehlmann W (1967) Wörterbuch der Pädagogik. Verlag Kröner, Stuttgart

Herder JG (1764-1772/1985) Baumgarten. Begründung einer Ästhetik in der Auseinandersetzung mit Alexander Gottlieb Baumgarten. In: Herder: Werke. Suhrkamp, Frankfurt a.M.

Herder JG (1878/1967) Sämtliche Werke, 33 Bände. Hrsg. v. Suphan B. Bd. 4. Olms, Hildesheim

Höffe O (2007) Aristoteles. Politik. In: Brocker M (Hrsg.) Geschichte des politischen Denkens. Ein Handbuch. Suhrkamp Taschenbuch Wissenschaft 1818, Frankfurt a.M.

Honderich T (2003) The Oxford Companion to Philosophy. New Edition. Oxford University Press, Oxford

Husserl E (1913/1993) Ideen zu einer reinen Phänomenologie und phänomenologischen Philosophie. Allgemeine Einführung in die reine Phänomenologie. Niemeyer, Tübingen

Husserl E (1939/1999) Erfahrung und Urteil. Untersuchungen zur Genealogik der Logik. Hrsg. v. Landgrebe L. Philosophische Bibliothek Meiner. Meiner Verlag, Hamburg

Hütter G & Krens I (2008) Das Geheimnis der ersten Monate. Unsere frühesten Prägungen. 6. Aufl. Patmos, Düsseldorf

Hütter G (2013) Biologie der Angst. In: Hüther G. (Hrsg.) Bedienungsanleitung für ein menschliches Gehirn. Die Macht der inneren Bilder. Biologie der Angst. Limitierte Sonderausgabe. Vandenhoeck &Ruprecht, Göttingen

Ibel R (1957) Hölderlin und Diotima. Dichtungen und Briefe der Liebe. Manesse Verlag, Zürich

Irvine WB (2006) On Desire. Oxford University Press, Oxford

Janzarik W (1988) Strukturdynamische Grundlagen der Psychiatrie. Enke Verlag, Stuttgart

Jaspers K (1971) Einführung in die Philosophie. Piper, München

Jaspers K (1913/1973) Allgemeine Psychopathologie. 9.Aufl. Springer Verlag, Berlin

Jullien F (2012) Die fremdartige Idee des Schönen. Passagen, Wien

Jung CG (1995) Definitionen. In: Gesammelte Werke. Band 6. Walter-Verlag, Düsseldorf

Kammler C, Parr R, Schneider UJ (2008) Foucault-Handbuch. Leben – Werk – Wirkung. Metzler, Stuttgart/Weimar

Kant I (1790/1995a) Kritik der reinen Vernunft. Werke in 6 Bänden. Bd. 2. Könemann, Köln

Kant I (1790/1995b) Kritik der Urteilskraft. Werke in 6 Bänden. Bd.

4. Könemann, Köln
Karafyllis NC (2006) Biofakte - Grundlagen, Probleme, Perspektiven. Erwägen, Wissen, Ethik 17 (4), 547
Kierkegaard S (1843/2007) Entweder - Oder. Ein Lebensfragment. Deutscher Taschenbuchverlag, München
Klein BM (1943) Biofakt und Artefakt. Mikrokosmos 37, 17-21
Klein BM (1951) Formende Kräfte im Leben. Technik und Kunst. Natur und Technik 1951, 5-7
Klein BM (1961) Gehäusebauende Amöben. Mit einer Betrachtung über Biofakt und Artefakt. Mitteilungsblatt der mikrographischen Gesellschaft Wien 1961, 2
Klein BM (1966) Naturschönes als Zweck und Luxus. zit. n. Aescht E (2015) Das Leben ist schön. Aisthetische Wahrnehmung und Natur. In: Ausstellungskatalog der Ausstellung ‚Mythos Schönheit'. Facetten des Schönen in Natur, Kunst und Gesellschaft. Oberösterreichisches Landesmuseum/Schlossmuseum Linz. 6. Mai bis 29. Novemeber 2015. Hatje Canz Verlag, Ostfildern, 41-63
Kraus W (2000) Das erzählte Selbst. Die narrative Konstruktion von Identität in der Spätmoderne. 2. Auflage. Centaurus, Herboltzheim
Laermann K (1992) Die Stimme bleibt. Theodor W. Adornos Diktum - Überlegungen zu einem Darstellungsverbot. Die Zeit 14
LaBar KS & Cabeza R (2006) Cognitive neuroscience of emotional memory. Nature Reviews Neuroscience 7, 54
Längle A (2003) Emotion und Existenz. Facultas Verlag, Wien
Längle A (2015) Emotion, Ästhetik und Existenz. Zur Bedeutsamkeit von Wert und Schönheit für ein erfülltes Leben. In: Poltum M & Heuner U (Hrsg.) Ästhetik als Therapie. Therapie als ästhetische Erfahrung. Festschrift zum 60. Geburtstag von Michael Musalek. Parodos Verlag, Berlin
Liessmann KP (2009b) Ästhetische Empfindungen. Facultas Verlag., Wien
Liessmann KP (2010). Vom Zauber des Schönen. Reiz, Begehren und Zerstörung. In: Liessmann, KP (Hrsg.) Vom Zauber des Schönen. Philosophicum Lech. Bd. 13. Paul Zsolnay Verlag, Wien
Lotter K (2004) Lexikon der Ästhetik. 2. aktualisierte und erweiterte Auflage. Beck, München
Lyotard J-F (1979) La condition postmoderne. Les Editions de Mi-

nuit, Paris.
Majetschak S (2007) Ästhetik zur Einführung, Junius, Hamburg
v. Mallotki J (1929) Das Problem des Gegebenen. Kant-Studien. Ergänzungshefte im Auftrage der Kant-Gesellschaft. Hrsg. v. Menzer P & Liebert A. Pan Verlag, Berlin
Marquard O (2007) Das Schöne unter den Bedingungen der modernen Welt. Interview. Journal für Philosophie. Der blaue Reiter. Sonderausgabe anlässlich des 80. Geburtstages von Prof. Dr. Klaus Giel, 66
Marquard O (2015) Zukunft braucht Herkunft. Philosophische Essays. Reclam, Stuttgart
Maturana HR, Varela FJ (1980) Autopoiesis and Cognition. Reidel, Boston
Mautner T (2005) The Pinguin Dictionary of Philosophy. Second Edition. Pinguin Books, London
Menke C (2008) Kraft. Ein Grundbegriff ästhetischer Anthropologie. Suhrkamp, Frankfurt a.M.
Menke C (2013) Die Kraft der Kunst. Suhrkamp, Berlin
MontinarI M (1984) Nietzsche lesen. Walter de Gruyter, Berlin/New York
Moravec H (1990) Mind Children. The Future of Robot and Human Intelligence. Havard University Press, Cambridge (Mass.)
Musalek M (1991) Der Dermatozoenwahn. Thieme, Stuttgart/New York
Musalek M & Hobl B (2002) Der Affekt als Bedingung des Wahns. In: Fuchs T & Mundt C (Hrsg.) Affekt und affektive Störungen. Ferdinand Schönigh, Paderborn
Musalek M (2010) Social aesthetics and the management of addiction. Current Opinion in Psychiatry 23, 530
Musalek M, Larach-Walters V, Lépine JP et al. (2010) Psychopathology in the 21st century. World Journal of Biological Psychiatry 11, 844
Musalek M (2011) Medizin und Gastfreundschaft. In: Musalek M & Poltrum M (Hrsg.) Ars Medica. Zu einer neuen Ästhetik in der Medizin. Pabst Science Publishers/Parodos, Lengerich/Berlin
Musalek M (2012a) Rechnerisches versus ästhetisches Denken. Editorial. Spectrum 2,3
Musalek, M (2012b) Das Mögliche und das Schöne als Antwort. Neue Wege in der Burn-out-Behandlung. In: Musalek M &

Poltrum M (Hrsg.) Burnout. Glut und Asche. Parodos, Berlin
Musil R (1978) Der Mann ohne Eigenschaften. Erstes und Zweites Buch. Rowohlt Verlag. Reinbeck bei Hamburg
Nicola U (2007) Bildatlas Philosophie. Die abendländische Ideengeschichte in Bildern. Parthas Verlag, Berlin
Nietzsche F (1872/1988): Geburt der Tragödie aus dem Geiste der Musik. In: Colli G & Montanari M (Hrsg.) Friedrich Nietzsche: Kritische Studienausgabe. Band 1. Deutscher Taschenbuchverlag, München
Nietzsche F (1873/1988) Über Wahrheit und Lüge im außermoralischen Sinne. Aus dem Nachlass. In: Colli G & Montinari M (Hrsg.) Friedrich Nietzsche: Kritische Studienausgabe. Band 7. Deutscher Taschenbuchverlag, München
Nietzsche F (1882/1988) Die fröhliche Wissenschaft („La gaya scienza"). In: Colli G & Montinari M (Hrsg.) Friedrich Nietzsche: Kritische Studienausgabe. Band 3. Deutscher Taschenbuchverlag, München
Nietzsche F (1885/1988) Jenseits von Gut und Böse. In: Colli G & Montinari M (Hrsg.) Friedrich Nietzsche: Kritische Studienausgabe. Band 5. Deutscher Taschenbuchverlag, München
Nietzsche F (1886/1988) Also sprach Zarathustra. In: Colli G & Montinari M (Hrsg.) Friedrich Nietzsche: Kritische Studienausgabe. Band 4. Deutscher Taschenbuchverlag, München
Nietzsche F (1988a) Nachgelassene Fragmente 1885-1887. In: Colli G & Montinari M. (Hrsg.) Friedrich Nietzsche: Kritische Studienausgabe. Band 12. Deutscher Taschenbuchverlag, München
Nietzsche F (1988b): Nachgelassene Fragmente 1884-1885. In: Colli G & Montinari M (Hrsg.) Friedrich Nietzsche: Kritische Studienausgabe. Band 11. Deutscher Taschenbuchverlag, München
Nietzsche F (1988c) Nachgelassene Fragmente 1887-1889. In: Colli G & Montinari M (Hrsg.) Friedrich Nietzsche: Kritische Studienausgabe. Band 13. Deutscher Taschenbuchverlag, München
Nietzsche F (1988d) Nachwort zu Band 12 und 13 verfasst von Giorgio Colli. In: Friedrich Nietzsche: Kritische Studienausgabe. Band 13. Deutscher Taschenbuchverlag, München
Nietzsche F (1996) Der Wille zur Macht. Versuch einer Umwertung aller Werte. 13. Aufl. Alfred Kröner Verlag, Stuttgart
Perniola M (2013) 20th Century Aesthetics. Towards a Theory of Feeling (transl. Verdicchio M). Bloomsbury, London
Platon (1923) Gastmahl. Übers. v. Rudolf Kassner. Eugen Dierichs,

Jena

Platon (2011) Philebos. In: Platon: Sämtliche Werke. Bd. 3. 32. Aufl. Rowohlt, Hamburg.

Pleger WH (1991) Die Vorsokratiker. J.B. Metzlersche Verlagsbuchhandlung, Stuttgart

Radoilska L (2013) Addiction and Weakness of Will. Oxford University Press, Oxford

Reinhard R (2013) Schön! Schön sein, schön scheinen, schön leben – eine philosophische Gebrauchsanweisung. Ludwig Verlag, München

Rilke RM (1912-1922/2002) Duineser Elegien. Die Sonette an Orpheus. Erläuterungen von Katharina Kippenberg. Manesse Verlag, Zürich

Rohman C (2000) A World of Ideas. A dictionary of important theories, concepts, beliefs, and thinkers. Ballantines Books, New York

Rother W (2010) Lust. Perspektiven von Platon bis Freud. Schwabe Verlag, Basel

Scheler M (1980) Der Formalismus in der Ethik und die materiale Wertethik. 6. Auflage. Francke, Bern.

Scheler M (2001) Schriften zur Anthropologie. Reclam, Stuttgart

Schiffter F (2013) Durchschaue den Schein. Die Philosophen. Schopenhauer: Grundbegriffe. Philosophie Magazin 4 (Juni/Juli 2013), 75-77

Schischkov G (1991) Philosophisches Wörterbuch, 21. Auflage, Alfred Kröner Verlag, Stuttgart

Schmid W (2005) Schönes Leben? Einführung in die Lebenskunst. Suhrkamp, Frankfurt a.M.

Schneider N (2002) Geschichte der Ästhetik. Von der Aufklärung bis zur Postmoderne. Reclam, Stuttgart

Schönhammer R (2013) Einführung in die Wahrnehmungspsychologie – Sinne, Körper, Bewegung. 2. überarb., akt., erweit. Aufl. Facultas Verlag, Wien

Schopenhauer A (1966) Urwille und Welterlösung. Ausgwählte Schriften. Fourier, Wiesbaden

Schopenhauer A (1818/1977) Die Welt als Wille und Vorstellung. Erster und Zweiter Teilband. Diogenes, Zürich

Seel M (2003) Ästhetik des Erscheinens. Suhrkamp, Frankfurt a.M.

Seel M (2010) Von der Lebendigkeit des Schönen – nicht allein der Natur. In: Liessmann KP (Hrsg.) Vom Zauber des Schönen.

Reiz, Begehren und Zerstörung. Paul Zsolnay, Wien

Stallmach J (1959) Dynamis und Energeia. Untersuchungen am Werk des Aristoteles zur Problemgeschichte von Möglichkeit und Wirklichkeit. Hain Verlag, Meisenheim am Glan

Stendhal (1842/1979) Über die Liebe. Übers. v. Walter Hoyer. Insel Verlag, Frankfurt a.M.

Stevenson A (2010) Oxford English Dictionary. Third edition. Oxford University Press, Oxford

Stolnitz J (1960) Aesthetics and the Philosophy of Art Criticism. Riverside, Boston

Störig HJ (2002) Kleine Weltgeschichte der Philosophie. 3. Aufl. Fischer, Frankfurt a.M.

Tellenbach H (1968) Geschmack und Atmosphäre. Medien menschlichen Elementarkontakts. Otto Müller Verlag, Salzburg

Ulfig A (1999) Lexikon der philosophischen Begriffe. 2. Aufl. Fourier, Wiesbaden

Waibel E (2009) Ästhetik und Kunst von Pythagoras bis Freud. Facultas, Wien

Walter H (1997) Neurophilosophie der Willensfreiheit. Von libertarischen Illusionen zum Konzept natürlicher Autonomie. Mentis Verlag, Paderborn

Welsch W (2003) Ästhetisches Denken. 6. Auflage. Reclam, Stuttgart

Wittgenstein L (1953/1998) Philosophische Untersuchungen. Akademie Verlag, Berlin

Yannaras C (1994) Variazioni sul Cantico die cantici. Zit. n. Galimberti U (2007) Die Sache mit der Liebe. Eine philosophische Gebrauchsanweisung. Beck, München (Original: Galimberti U (2004) Le cose dell'amore. Giangiacomo Feltrinelli Editore, Milano)

Žižek S (2006) Parallaxe. Suhrkamp, Frankfurt a.M.

Žižek S (2011) Lacan. Fischer, Frankfurt/ a.M.

Žižek S (2014) Was ist ein Ereignis? Fischer, Frankfurt a.M.

Lukas Hartl

Schönheit und Psychotherapie

Facetten einer Wechselbeziehung

ISBN 978-3-938880-86-9
Hardcover, 16 x 24 cm, 180 Seiten
30,00 EUR [D] / 30,90 EUR [A] / 35,00 CHF UVP
parodos.de

Was hat Schönheit mit Psychotherapie zu tun? Mehr, als es auf den ersten Blick den Anschein hat. Sofern das Schöne aus einer jahrhundertelangen ästhetischen Engführung befreit und in seiner ganzen, vor allem auch ethischen Tragweite gesehen wird. Diesen Versuch unternimmt der Autor in Anlehnung an Philosophen wie Heidegger, Nietzsche, Martin Seel und Günther Pöltner. Als roter Faden entlang verschiedener therapeutisch relevanter Spielarten des Schönen erweist sich dabei eine spezifische Gelassenheit: kein bloßes Laissez-faire, kein weltfremder Rückzug in „schönen Schein", vielmehr ein aktives Sein-Lassen und Zur-Geltung-Bringen. Diese eigentümliche Aktivität kennzeichnet sowohl das ästhetische Wahrnehmen und künstlerische Schaffen als auch – in gewisser Weise sogar ursprünglicher – die zwischenmenschlich-therapeutische Beziehungsgestaltung, die einen grundlegenden Wirkfaktor der meisten heute gängigen Psychotherapieverfahren darstellt. Schönheit betrifft die psychotherapeutische Praxis so gesehen nicht nur beiläufig (etwa im kunsttherapeutischen Rückgriff auf ästhetische Mittel), sondern im Kern

Martin Poltrum

Philosophische Psychotherapie

Das Schöne als Therapeutikum

ISBN 978-3-938880-82-1
Hardcover, 16 x 24 cm, 310 Seiten
40,00 EUR [D] / 41,20 EUR [A] /
53,90 CHF UVP
parodos.de

Wenn man die großen Philosophen befragt, gibt es keinen Zweifel: Das Schöne ist ein Medikament. Es enthüllt das Wahre und das Gute (Platon), es zeigt die harmonische Ordnung und den Glanz der Dinge (Pseudo-Dionysius Areopagita), es ist eine der transzendentalen Bestimmungen Gottes (Thomas von Aquin), in der Schönheit scheint die Welt in ihrer Vollkommenheit (Baumgarten), das Schöne ist Symbol des Sittlichguten und befördert die Lebenskräfte (Kant), es ermöglicht die Erfahrung der Freiheit (Schiller), es ist Aufenthaltsort und Anschauungsmedium des absoluten Geistes (Hegel), es ist die Instanz, die dem Verfall der Werte und dem Nihilismus Einhalt gebietet (Nietzsche), das Schöne ist eine Erfahrung, die zu einer temporalen Erlösung vom Leiden am Dasein führt (Schopenhauer) und die Seinsvergessenheit aufhebt (Heidegger). Durch die ästhetische Erfahrung des Schönen wird der kapitalistischen Kolonialisierung der Wirklichkeit ein Korrektiv entgegengehalten (Marcuse, Adorno) und der Vorschein des Schönen und das Einleuchten des Verständlichen sind wesensverwandt (Gadamer).

Das Buch des Philosophen und Psychotherapeuten Martin Poltrum zeigt, wie die Erfahrung des Schönen in der Psychotherapie eingesetzt werden kann und was diese Erfahrung zu denken gibt.

Michael Musalek

Der Wille zum Schönen II

Als Kulturgeschehen

978-3-938880-88-3
Broschur, ca. 150 Seiten
ca. 15,00 EUR [D] / ca. 15,50 EUR [A] / ca. 21,90 CHF UVP
Herbst 2017

Der Mensch ist dazu befähigt, seine eigene Wahrnehmung des Schönen zu kultivieren, und er kann selbst neues Schönes in die Welt setzen. Dieses etwas Schönes in die Welt setzen erfolgt in zweifacher Weise: einerseits, indem schöne Dinge und schöne Situationen selbst produziert werden, und andererseits, indem man selbst an Schönheit zunimmt bzw. selbst zum Schönen wird. Eine Kultivierung der Schönheitswahrnehmung wird ebenso als Intensivierung und Prolongierung der Schönheitserfahrung sichtbar – vom einfachen Lusterleben im Sinne des Vergnügens und des Spaßhabens über das Erleben von echter Freude bis hin zur höchsten und zugleich auch tiefsten Form des Schönheitserlebnisses im Genuss – wie darin, dass wir als Menschen mittels unserer ästhetischen Haltung neue ästhetische Felder eröffnen können. Beides kann dann in eine Weltengestaltung miteinbezogen werden und erlaubt uns, immer neues Schönes in unsere Welt zu setzen und damit uns und diese Welt selbst schön werden zu lassen.